Kryon
Ein Kurs in Liebe

Barbara Bessen

Kryon

Ein Kurs in Liebe

Band drei

ICH BIN

Edition Sternenprinz
im Hans-Nietsch-Verlag

Lektorat: Astrid Ogbeiwi
Umschlaggestaltung: Peter Krafft
Innenlayout und Satz: Hans-Jürgen Maurer

Hans-Nietsch-Verlag
Postfach 2 28
79002 Freiburg

www.nietsch.de
info@nietsch.de

ISBN 978-3-939570-59-2

Inhalt

Liebe Kryon-Freunde!

Wie schön, dass Sie wieder dabei sind, in die herrliche Energie von Kryon und die Energie von zuhause einzutauchen. Auch für mich ist diese intensive Begegnung mit Kryon immer wieder eine wundervolle Erfahrung im wahrsten Sinne des Wortes. Wenn ein Buch ansteht, das die geistige Welt mir diktieren möchte, weiß ich schon vorher, dass es für mich wieder eine Gelegenheit ist, tief in diese göttliche Energie einzutauchen. Das ist auf der einen Seite eine tief gehende, wonnige, gefühlvolle Erfahrung, auf der anderen Seite weiß ich: Dieses Geschenk ist auch wieder mit Lernaufgaben verbunden. Das kann etwas sein, das mit den Begegnungen in diesem Buch, mit den Übungen, die gegeben werden, oder mit den Wesenheiten zu tun hat, die uns besuchen. Möglicherweise steht aber auch bei mir gerade ein Thema an, das jetzt bearbeitet werden soll. Denn ich bin, genau wie Sie, liebe Leserinnen und Leser, in einem fortwährenden Prozess. Ich bin nicht mehr die Barbara Bessen, die ich vor zwei Jahren war, als ich den ersten Band empfangen habe. Ich habe mich weiterentwickelt. Wie Sie bin ich durch bestimmte Erfahrungen und Erkenntnisse gegangen. Das war nicht immer ganz einfach und manchmal sogar schmerzhaft. Es geht eben immer weiter in diesem Transformationsprozess.

Ich ahne, dass dieses Buch generell mit einem sehr tief greifenden Thema zu tun hat, nämlich mit dem Thema „Gottvertrauen", dem Vertrauen also, das mit dem Gott in uns selbst zu tun hat. Wenn wir alle im Gottvertrauen verankert sind, sehen wir die irdischen Dinge, die sich im Moment gerade ereignen, durch die göttliche Brille. Wir sehen nicht nur das Drama der Toten eines Flugzeugabsturzes, die Opfer in Afghanistan oder die der Unruhen im Iran. Dasselbe gilt natürlich für die (dramatischen) Geschehnisse in der eigenen Familie. Durch die göttliche Brille sehen wir die vielen Entwicklungspotenziale, die dahinter stehen. Sie sind schon da und wir können sie erahnen und vielleicht schon etwas klarer wahrnehmen. Durch diese göttliche Brille wissen wir, dass es Veränderungen geben wird und geben muss. Mit diesem Wissen können wir uns zwar vielleicht nicht entspannt zurücklehnen, aber wir brauchen nicht mehr in Verzweiflung und in Besorgnis oder gar in Angst zu verfallen. Alles ist in Veränderung; nichts bleibt, wie es war. Alles, was jetzt nach Drama und Unfrieden riecht, trägt den Duft der Veränderung in sich. Und wenn wir davon überzeugt sind, dass es Frieden überall geben wird, vielleicht noch nicht morgen früh, aber in absehbarer Zeit, dann senden wir die Botschaft auch mit unseren Gedankenenergien in die Regionen, in denen Unruhen und Katastrophen wüten.

Denn alle Gedanken und Emotionen, die wir entwickeln, wenn wir an Krisenherde denken, gehen automatisch dorthin. Wir sind sozusagen im Geiste bei denen, die dort leiden. Was ist besser in so einer Situation: jemand zu sein, der liebevoll und voller Hoffnung denkt, oder jemand zu sein, der in das Wehklagen einstimmt? Wir sind nicht weit entfernt von den Krisenherden. Wir sind mittendrin, auch hier in Deutschland, in der Schweiz oder wo immer wir uns gerade körperlich befinden. Der andere Teil, unser Geist ist direkt vor Ort. Diese Erkenntnisse vermitteln uns auch immer mehr Wissenschaftler. Wir sind nicht separierte Einzelwesen. Wir sind alles. Wenn wir dies immer mehr in unserem Denken und Handeln beherzigen, wird auch klar, warum das Verhalten eines einzelnen Menschen so wichtig ist. Wir selbst entscheiden für uns und für andere, wie es hier auf der Erde weitergeht – durch unsere Gedanken und unsere Lebensweise.

Kryon spricht in diesem dritten Band *Ein Kurs in Liebe* von eben dieser Erkenntnis. Er vermittelt uns die Verbundenheit, die wir alle miteinander eingehen, ob wir es wollen oder nicht. Es ist einfach. Wir sind nicht nur eine Person, wir sind viele. Und wir können viel bewirken, indem wir unser Leben, unsere Gedanken, unsere Handlungen und Emotionen bewusst ausrichten und Herr unseres Seins sind. Wir bestimmen, das wird doch immer klarer, wie unser Leben sich gestaltet – durch unsere Gedanken und Emotionen, durch unser Handeln und unsere Ausrichtung für die Zukunft. Kryon sagt, Sekunde für Sekunde entscheiden wir neu, wie unser Leben sein wird, indem wir in der Gegenwart immer die richtigen Schritte tun. Allem voran heißt das, die Verbindung zu höheren Anteilen zu wählen und gemeinsam den Weg der Neuen Erde zu gehen.

Wir erschaffen Sekunde für Sekunde unser Leben neu. Am besten gelingt dies, wenn wir frei aus der Gegenwart leben, ohne die Geschehnisse der Vergangenheit als Basis zu nehmen. Wir sollen aus der Einheit erschaffen, völlig frei von früher Erlebtem. Wenn uns das gelingt, steht einem Frieden auf Erden nichts mehr im Wege. Kryon spricht gern vom Neuen Jerusalem als Metapher für den Frieden auf Erden. Er gibt uns auch zu verstehen: Wenn dort, in Jerusalem, der Frieden eingeläutet wird, dann hat das etwas mit dem Frieden auf der gesamten Erde zu tun. Dort wird der Same für die ganze Erde gelegt. Hoffen wir, dass die Verhandlungen für diese Region bald in Weisheit und Dankbarkeit von allen Beteiligten eingeleitet und angenommen werden, damit sich von dort der Frieden ausbreiten kann.

Lassen wir uns nicht beeindrucken von den vielen Wirren auf der Erde. Es ist doch schon so viel geschehen in den letzten Jahren. Wer hätte je geglaubt, dass es in Amerika einmal einen farbigen Präsidenten geben würde? Hätten Sie das gedacht? Ich war sehr beeindruckt von diesem Wahlergebnis. Das bestätigt wieder Kryons Lieblingssatz: „Es ist nichts so, wie es scheint."

Ich möchte Sie, bevor Kryon hier das Zepter übernimmt, noch ermuntern, sich in dieses Buch, in diese Worte hineinfallen zu lassen. Es trägt in sich eine hohe Grundschwingung, die der hohen Göttlichen Energie. Das ist die Energie, die alle irdischen Sorgen weise beleuchtet und sie leichter werden lässt. Sie vermittelt auch, wie unsere Sorgen zu lösen sind, und zwar aus einer ganzheitlichen Sicht, zum Wohle aller. Kryon spricht immer gern von der „Win-win-Situation". Sorgen und Differenzen persönlicher Art können von dieser höheren Ebene aus so geklärt und gelöst werden, dass alle Sieger sind, nicht nur einer. Wie das geschieht? Ganz einfach: Tauchen Sie ein in die Energie Kryons oder Ihres Höheren Selbst. Von dort aus wird jedes Problem als dualistisches Konstrukt enttarnt und Sie bekommen die Kraft der Erkenntnis.

Es geht in diesem Buch – das ist seine Essenz – um die Verbindung zum Höheren Selbst und den weiter darüber liegenden Instanzen unseres Seins, sodass wir irgendwann erkennend sagen können: ICH BIN alles. Ich bin der Schöpfer vieler Welten und Ebenen. ICH BIN ein Teil von GOTT auf Außenmission, der lange nicht erkannte, wer er wirklich ist. Nun BIN ICH und so sei es!

Ich wünsche Ihnen viel Freude beim Eintauchen in die Energie von zuhause.

Ihre
Barbara Bessen

Geliebtes Menschenwesen!

Sei herzlich gegrüßt. Ich bin Kryon vom Magnetischen Dienst! Nun ist es endlich so weit: Ich bin wieder mit dir verabredet für eine kleine Reise. Eine Reise in die weiten Welten des Seins, aber letztlich auch in die Welt deines eigenen Seins, deiner eigenen Tiefe, die deine Göttliche Präsenz ausmacht. Beides ist nicht voneinander zu trennen, denn du bist ein göttliches Wesen. Du bist ein Teil eines weit gereisten, hoch schwingenden Wesens, das nun erkennt, wer es wirklich ist. Das ist sehr spannend. Manchmal brauchst du dafür allerdings viel Mut, denn es geht auch um das schon so oft beschriebene Loslassen. Was du loslassen sollst auf unserer Reise? Alles. Sei ganz entspannt und locker. Begrenze dich nicht, sei frei von deinen täglichen Sorgen und nimm dir Zeit, tief in meine Energie einzutauchen. Es ist die Energie von zuhause. Du wirst wieder spüren, wie es ist, ganz tief in die Liebe der Zentrale allen Seins zu tauchen. Du wirst ganz beglückt sein, denn du hattest es vergessen, wie es ist, dies zu fühlen und darin verwoben zu sein. Weißt du, ich bin der Quelle allen Seins direkter unterstellt als du. *Dein* irdisches Sein wird von deinem Höheren Selbst geleitet, dem Teil von dir, der beschlossen hat, diesen Ausflug in die Welt der Dualität, also auf die Erde und die umliegenden Planeten, zu unternehmen. Es ist deine Verbindung zur Quelle. Dieses Höhere Selbst ist wiederum mit seinem Höheren Selbst verbunden. So sind diese Vernetzungen wie eine Leiter zu verstehen, die letztlich zur Quelle führt.

Ich nehme dich in diesem Buch mit auf eine Reise in die Unendlichkeit der vielen Welten, die du mit deinem irdischen niederen Verstand nicht erfassen kannst. Dein Gehirn ist für diese Exkursionen nicht ganz eingestellt, nicht fein genug justiert. Das liegt nicht nur daran, dass du nicht die ganze Kapazität deines Gehirns nutzen kannst, sondern auch daran, dass du einige Kombinationen und Ereigniszusammenhänge außerhalb des Lernprogramms des Planeten Erde nicht verstehst. Dafür ist das niedere menschliche Gehirn nicht angelegt. Zumindest nicht, bis bestimmte DNS-Schichten eine vollständige Öffnung erfahren haben. Das geschieht gerade mit dir; du bist in einem starken Reinigungs- und Transformationsprozess. Du bist in dem Prozess des Erwachens von einem Menschen zu einem galaktischen Menschen. Du wirst lernen, dein ganzes Gehirnpotenzial zu nutzen, und du wirst interdimensionale Zusammenhänge verstehen. Bis dahin sorge ich dafür, dass du all das auf unserer Reise erspüren und verstehen kannst, was ich dir zeigen will, denn ich trage dich mit meinem Bewusstsein.

Es gibt in der Geschichte der Mystik und in den Überlieferungen der alten Weisen der Urvölker viele Hinweise auf den Zyklus der Entwicklung der Erde und ihrer Bevölkerung. Es ist ein 26.000-Jahres-Zyklus, den die Erde und ihre Bewohner als einen Wachstumsprozess durchlaufen. Die Entwicklung verläuft vom einfachen Menschen, der sich mit der Erfüllung der Grundbedürfnisse beschäftigt, hin zu dem Menschen, der spirituell erwacht und sich fragt: „Wo komme ich her? Warum bin ich hier? Wer bin ich wirklich?" Den Weg des vollständigen Erwachens im Bereich der Dualitätserfahrung zu gehen bedeutet, dass der Mensch, der diesen Entwicklungsbereich abschließt, ihn gestärkt, gewachsen und mit großen Erkenntnissen bereichert verlässt und sich auf die Reise nach Hause begibt.

Du musst verstehen, dass kein Mensch zufällig auf der Erde ist. Die meisten sind wie von Zauberhand angelockt und wollen voller Neugier das Spielfeld dieses Planeten erkunden. Ich will dies anhand einer kleinen Geschichte erklären, damit du ganz leicht und auch mit einer gewissen Freude verstehst, warum du hier bist. Stell dir einfach vor, es sind alles Engel, die hier auf der Erde leben. Das Universum wimmelt nur so von Leben, auch von Engeln. Was sind Engel? Engel sind Bewusstseinseinheiten, die von hohen Lichtwesen im Auftrag der Quelle erschaffen wurden. Engel haben viele Kleider und die müssen nicht unbedingt menschlicher Art sein. Engel können auch Wesen mit großen Flügeln sein, mit deren Hilfe sie sich fortbewegen. Dieses Bild entstand in den ersten Jahrhunderten nach Christus. Die Künstler hatten die Inspiration, dass ein schwebendes Wesen Flügel hat. Wenn du möchtest, dass Engel Flügel haben, stell sie dir gern so vor. Hast du die deinen Engel schon entdeckt? Die vielen Engel reisen nun gern von Sonnensystem zu Sonnensystem und von Planet zu Planet, oft mit einer wichtigen Aufgabe. Manchmal sind sie auch einfach aus Neugierde und Spaß unterwegs, um zu erfahren, wie es ist, woanders zu sein. Das ist wie bei Menschen, die reisen, um die Welt zu erkunden. Und stell dir nun vor, die reisenden Engel flüsterten sich zu, dass sich irgendwo am Rande des materiellen Universums ein ganz besonderer Planet befinde, der außergewöhnliche Erfahrungen biete, nämlich ganz tief in die Materie einzutauchen, völlig abgeschieden vom eigenen göttlichen Kern. Dieses Experiment, so erfuhren die Engel, sei nicht ganz ohne Tücken, man müsse sich vorstellen, dass man ins Vergessen gerate, man wisse nicht mehr, wer man sei und woher man komme. Ganz abgeschieden, ohne bewusste göttliche Anbindung, sammle man dort seine Erfahrungen, erzählten sie sich. Man könne Mann und Frau sein, würde Kinder zeugen und gebären und feste Nahrung als Energiequelle zu sich nehmen. Eine außergewöhnliche Möglichkeit sei dies, viel zu lernen und sich zu vervollkommnen. Die Erfahrung dieser tiefen Schwingung ermögliche es, das eigene Sein noch mehr zu erkunden, so hieß es. Die Engel waren beeindruckt von den Informationen und meinten: „Das möchten wir auch gern erleben, das hört sich spannend an. Lasst uns dorthin gehen und uns erkundigen, was wir tun müssen, um dabei zu sein." Nun stell dir vor, dass viele Engel diesen Wunsch hatten und weiterhin haben, dieses Dualitätssystem und besonders die Erde kennenzulernen. Du erahnst es sicher schon: Einer dieser neugierigen Engel oder einer von denen, die mit einer besonderen Aufgabe hierherkamen, bist du!

Du bist der menschliche Engel, der jetzt dieses Buch liest und sich vielleicht gerade fragt: „Wie geht es nun weiter in meinem Leben? Was sind die nächsten Schritte, die ich allerdings noch nicht sehen kann? Ich drehe mich ein bisschen im Kreis. Vielleicht möchte ich auch wissen, wie ich aus dieser Maschinerie ‚Erde' herauskomme? Ich liebe die Erde, doch ich habe das tiefe Gefühl, dass ich hier ausgedient habe; ich bin bereit für neue, andere Erfahrungen. Oft habe ich so eine tiefe Sehnsucht in mir. Es ist die Sehnsucht nach Zuhause. Und ich möchte gern wissen, wie es ist, das, was ich für mich brauche und was ich benötige, um anderen zu helfen, selbst manifestieren zu können. Ich weiß, ich könnte ganz viel bewirken, auch für die Erde, ich habe aber immer das Gefühl, ich bin begrenzt, ich bin nicht voll aktionsfähig, mir sind die Flügel gestutzt. Was kann ich tun, um all meine Qualitäten zu aktivieren?"

Es ist die Sehnsucht nach Zuhause, die sich in all deinen Zellen ausbreitet und dich diese Fragen stellen lässt. Es ist der Prozess des Erwachens, in dem du dich befindest, der dich herauskatapultiert aus dem Spielfeld „Erde", dem Feld der Dualität. Dein Wunsch ist es, dieses Spielfeld „Erde", auch „Massenbewusstsein" oder „morphogenetisches Feld" genannt, zu verlassen und dich frei an das große göttliche Feld anzubinden.

Damit möchte ich nicht vermitteln, dass das irdische Spielfeld nicht ein Plan und ein Teil GOTTES ist, denn alles ist GOTT und hat seine Berechtigung. Ich möchte in diesem dritten Teil der Trilogie *Ein Kurs in Liebe* gern bei dem Wort GOTT bleiben, das die Quelle allen Seins beschreibt, denn das ist der Begriff, den viele Menschen wählen, wenn sie von ihrer Herkunft oder ihrer Sehnsucht sprechen, unabhängig von ihrer Religion. Es ist auch der Begriff für das, was in jedem Menschen vorhanden ist: GOTT ist in jedem Menschen, und zwar in Gestalt des Höheren Selbst.

Seit ich das erste Buch, *Das Erwachen,* diktiert habe, sind zwei Jahre vergangen. In dieser Zeit ist viel geschehen, obwohl einiges von dem nicht mit irdischen Augen zu sehen ist. Man kann es allerdings fühlen. Bevor wir tiefer in dieses Buch und seine Themen eintauchen, möchte ich eine kurze Bestandsaufnahme machen, was in diesen zwei Jahren geschehen ist.

Zuvor möchte ich dich bitten, die nächsten Worte nicht wie ein Mensch aufzunehmen, sondern wie das göttliche Wesen, das du bist. Das gilt für das gesamte Buch, das du in Händen hältst: Nimm alle Botschaften mit dem Gefühl wahr. Weißt du, geliebter Mensch, das Hauptproblem aller Menschen ist, dass sie schwer aus ihrem niederen Denkprozess herauskommen. Stell dir vor, dass alle Menschen in dieses Spielfeld „Erde" eingebunden sind, keiner ist ausgeschlossen. Nur durch das Erweitern des eigenen Bewusstseins schafft der Mensch es, sich über dieses Feld hinauszubewegen und/oder in sich selbst geschlossen und autark zu sein. Das geschieht, wenn der Mensch sich mit dem Höheren Selbst verbindet. Dann sind die äußeren Saugnäpfe, durch die sich der Mensch vom Massenbewusstsein und auch von anderen Menschen und ihren Energien nährt, abgeschnitten. Man nährt sich sozusagen aus dem eigenen Feld, aus dem Höheren Selbst. Das ist der Prozess – die Vermählung mit dem Höheren Selbst –, in dem ihr euch befindet, und das ist auch das Ziel dieses Buches. Dahin möchte ich dich – jeden Einzelnen von euch – gern führen. Wer mit sich selbst eng verbunden ist, kann sich über das Erdenspielfeld hinaus in alle Informationen einweben. Ihr nennt diese Informationen „Akashachronik". Ich nenne sie gern „göttlichen Teppich". Wer sich hiermit verwebt, dem ist alles zugänglich.

Wer die monatlichen Channelings von uns verfolgt, wird wissen, dass es im Moment mein Hauptanliegen ist, euch zur Freiheit von alten Speicherungen zu führen, die aus Erfahrungen in früheren oder in diesem Leben stammen. Mein Ansinnen ist es, euch aus dem Massenbewusstsein herauszuführen, was ein wenig paradox klingen mag, wenn man es näher beleuchtet. Du bist immer in diesem Feld, du lebst ja hier, aber du kannst dein Leben trotzdem eigenverantwortlich in diesem Feld führen. Das Kollektive daran ist, dass du durch deine Bewusstseinserweiterung und dein Streben, dich vom Höheren Selbst zu nähren, auch das Massenbewusstsein veränderst. Damit hilfst du anderen Menschen, leichter in ihren eigenen Prozess zu kommen. Wird das Massenbewusstsein verändert, rücken die Voraussetzungen für Frieden und die daraus folgenden Veränderungen auf der Erde immer näher. Und das ist doch unser aller Ziel, nicht wahr?

Im Rückblick auf die letzten zwei Jahre kann ich dir vermitteln, dass das Feld des Massenbewusstseins sich verändert hat. Allerdings noch nicht so sehr, dass einige wichtige Prägungen, die alle Menschen immer noch in Angst, Unsicherheit und auch in Schrecken halten, bereits ausgeglichen wären. Stell dir dieses Feld des Massenbewusstseins so vor, dass dort alles gespeichert ist, was Menschen je erfahren haben. Jeder Mensch ist damit verbunden, und wenn er etwas entscheiden will in seinem Leben, sind diese Erfahrungen meist die Basis dafür. Wenn ein Mensch mehr in die Tendenz der Angst hineingeht, wird dies unterstützt vom Massenbewusstsein. Ist der Mensch stark und voller Vertrauen, wird er die Liebe und die Kraft, die auch im Massenbewusstsein enthalten sind, stärker unterstützten.

Halte einen Moment inne, bevor du weiterliest, und vergegenwärtige dir dein eigenes Leben. Bist du nicht auch manchmal erstaunt, wie sehr dich von einer Sekunde zur anderen Gedanken und Emotionen erfassen und bewegen, obwohl du noch einen Moment vorher ganz in der Ruhe warst? Sie beeinflussen dein Handeln, und du ertappst dich manchmal sogar dabei, dass du plötzlich etwas ganz anderes tust, als du eigentlich wolltest. Wenn du nun bei all deinen Entscheidungen versuchst, dich zurückzulehnen und alles Handeln von einer höheren Ebene aus zu betrachten, aus der Neutralität, dann gewinnst du einen klaren Überblick und kannst aus dieser Klarheit heraus das Richtige tun. Wir behandeln dieses Thema später noch näher.

Was nun besonders die letzten zwei Jahre anbelangt, kann man erkennen und fühlen, dass eine besondere Art hoher Energie auf die Erde einströmt, und zwar in großen Wellen. Es ist eine spezielle Zusammenstellung des göttlichen Lichts, es sind gewisse Aspekte des Urlichtes, die jetzt auf die Erde einströmen. Es ist auch erkennbar, dass dies in immer stärkerem Maße geschieht. Die Wissenschaftler messen ein hohes Maß an Gammastrahlen und stellen fest, dass die Sonnenaktivität sich verändert hat. In wirtschaftlichen und sozialen Bereichen ist dies dadurch erkennbar, dass viele künstlich aufgebaute Strukturen zusammenbrechen. Das bewirkt diese außergewöhnlich starke Kraft der Wellen. Außerdem spürt das jeder Mensch in seinem eigenen täglichen Leben. Die Kraft der „Goldenen Wellen", wie ich sie nenne, holt alles nach oben, was nicht mehr der göttlichen Wahrheit entspricht. Ich darf dir versichern, dass diese Partikel göttlichen Lichts noch stärker werden. Jeder Mensch hat die Chance, diese hohen Energien für eigene Quantensprünge zu nutzen. Das Wort ist nicht zufällig gewählt, fällt dieser Vorgang doch wirklich in den Bereich der Quantenphysik. Doch auch das wollen wir später näher beleuchten.

Dieses Buch wird eine Verstärkung und Erweiterung der Themen, Thesen und Erfahrungen der ersten beiden Bände sein *(Das Erwachen* und *Der göttliche Weg).* Wir wollen auf verschiedene Arten ganz tief in deine eigene Göttlichkeit eintauchen, dir Möglichkeiten der Verbindung aufzeigen und dir somit zur Authentizität und zu deiner eigenen Wahrheit verhelfen. Was ist die eigene Wahrheit und wie findet man sie? Deine eigene Wahrheit findest du, indem du dich für deine höheren Anteile öffnest, allem voran für dein Höheres Selbst, das die nächsthöhere Instanz deines Seins repräsentiert, solange du Erderfahrungen machst. Dein Höheres Selbst hat auch ein Höheres Selbst, das es inspiriert, und dieses hat auch eines. So geht es immer weiter, das ist wie eine kosmische Leiter, die in der Zentrale allen Seins – dem Uruniversum – endet.

Deine Wahrheit für das Leben hier auf der Erde ist ein Leben ohne Dualität. Noch lebst du zumeist in dieser Dualität. Du bist mit einem Bein noch irdisch geprägt, mit dem anderen agierst du schon von höheren Ebenen aus. Du lebst multidimensional. Deine Wahrheit ist in den multidimensionalen Bereichen zu finden, die nicht dualistisch geprägt sind. Ich möchte es fast als „verrückt" bezeichnen: Die Menschen glauben, sie treffen *eigene* Entscheidungen. Das ist eine Illusion und höchst selten der Fall. Meistens sind die Entscheidungen von alten Erfahrungen aus diesem oder aus anderen Leben geprägt, von dem, was in den Zellen gespeichert ist. Kaum ein Mensch agiert frei. Frei handelt er lediglich, wenn er von der Ebene des Höheren Selbst aus entscheidet. Dann ist es eine neutrale Entscheidung aus einem klaren Feld heraus. Das ist die eigene Wahrheit. Meine Aufgabe ist es, dich auf dieser kleinen Reise dahin zu führen. Es ist mir eine große Ehre, dies tun zu dürfen.

Wie schon bei den letzten Büchern reiche ich dir nun meine Hand und geleite dich durch die Zeit des Lesens. Bedenke, es ist nicht nur die Information der Worte, die dich begleitet. Es ist die göttliche Energie, die durch meine Hand in die deine fließt. Ich erfülle dich während unserer Begegnung mit Energie von zuhause. Mache es dir gemütlich und lass uns auf die Reise gehen. Zwischendurch stärken wir uns wieder mit einem leckeren Tee und ein bisschen Gebäck. Du darfst jetzt gern schmunzeln über die Vorstellung, dass du mit Kryon Tee trinkst. Warum glaubst du, dass das nicht geschehen könnte? Dein irdisches Auge trügt. Was zählt, sind die inneren Augen und das Gefühl. Spürst du meine Hand? Ja? Dann öffne dein inneres Auge und nimm mich wahr. Ich habe ein irdisches Kleid für dich angezogen.

P.S.: Ich habe schon mal das Teewasser aufgesetzt.

In diesem Buches ist ein wundervolles Motto für diese besondere Ära der Erde verborgen. Ich möchte es dir ans Herz legen: **Halte alles für möglich, begrenze dich nicht!**

Ich bin in tiefer Liebe zu dir
Kryon

Teil 1

Das, was wir sind

1

Die Sonne, Spenderin der göttlichen Energie

Wenn, wie jetzt, die Partnerin beginnt, diese Zeilen zu empfangen, geht es um großes Vertrauen. Ich sehe wohl, dass es für einen Channel nicht leicht ist, loszulassen und zu vertrauen, dass die richtigen Worte durchkommen. Es sind immer noch kleine Anteile in ihr, die sich an andere Zeiten erinnern, wo Störungen da waren, wenn sie empfing. Warum ich dies erzähle? Um dir gleich zu Beginn des Buches zu vermitteln, dass du Vertrauen haben solltest, dass beim Lesen göttliche Energie fließt und dass dies ganz zu deinem Wohle ist.

Für einige Leser wird es immer noch fremd sein, Worte zu lesen, die nicht von der Autorin oder dem Autor selbst stammen, sondern von einem höheren Wesen. Weißt du, genau genommen channelst auch du Worte oder Ideen deiner höheren Anteile, meist allerdings, wenn du ganz in der Stille bist. Das kann auch geschehen, wenn du entspannt Fahrrad fährst oder im Garten arbeitest. Dann bist du ganz bei dir, sodass deine höhere Instanz durchkommen und dir Eingebungen geben kann, zum Beispiel auch bei Sorgen, die dich gerade plagen. Es ist niemand wirklich allein. Das ist unmöglich. Du bist nicht einer, du bist viele. Du bist ein System mit verschiedenen Anteilen. Dein irdischer Körper ist die tiefste Instanz. Der Rest schwingt höher. Da niemand nur einzeln existiert, sondern Teil der göttlichen Suppe ist, interagieren wir alle miteinander. Wir sind alle ein Team, und dabei denken die Menschen immer noch, sie hätten etwas allein bewerkstelligt. Sie sagen stolz: „Ich habe es geschafft!" Sie müssten sagen: „Wir haben es geschafft!" Wenn du dir das auch im Alltag vergegenwärtigst, wird dein Leben sich grundlegend ändern. Öffne dich für die Inspirationen deiner höheren Anteile. Sie sehen dich und deine Themen, Sorgen, überhaupt alle Belange aus einer höheren, ganzheitlichen Sicht und freuen sich, dir behilflich zu sein, den richtigen Schritt zu tun. Bedenke auch, dass deine Zeit, dualistisch zu leben, ausläuft, denn die vorgegebenen Wertungen „gut" und „böse" sind ein altes Modell. Du kannst durch deine Veränderung andere inspirieren, sich ebenfalls aus der Dualität auszuklinken und eigenständig und neutral zu leben. Du kennst sicher die Geschichte mit dem hundertsten Affen. Sie besagt, dass das Handeln eines Einzelnen zum Allgemeingut wird, wenn es nur häufig genug wiederholt wird. Immer mehr Menschen erwachen und stellen die Art und Weise infrage, wie heute mit der Natur umgegangen wird, wie die Wirtschaft kompromisslos alte Ideen verfolgt und wie das Miteinander der Menschen in Isolation mündet. Warten wir also auf die kritische Masse. Warten wir darauf, dass ein halbes Prozent der Erdbevölkerung den Mantel der Dualität abwirft und in die Eigenverantwortung geht. Dieses halbe Prozent ist noch nicht erreicht. Es hat also keinen Sinn, sich zufrieden im Sessel zurückzulehnen. Damit möchte ich nicht sagen, dass du ständig in Aktion sein solltest, Ruhepausen müssen sein.

Nun, es ist die Zeit gekommen, dass ein jeder sein eigenes Leben infrage stellt und es durchleuchtet. Ich möchte dies gern näher erklären, indem ich dir ein paar Fragen stelle:
Wie stehst du morgens auf und beginnst den Tag?
Wie ist dein Arbeitsablauf?
Wie lebst du in deiner familiären Gemeinschaft?
Was ist dein höchstes Gut?
Welche Mechanismen aus deiner Erziehung prägen dein Leben?
Wer hat dich geprägt und dich so denken lassen, wie du heute denkst?
Was ist für dich „gut" und was ist „böse"?
Wie möchtest du, dass dein Leben endet? Was sind für dich die Ziele des Lebens hier auf der Erde?
Was erwartest du von der Erde, welche Aufgaben hat sie für die Menschen?
Was erwartest du von einer Regierung?
Sind die Arten der Energieversorgung passend für die heutige Zeit? Wenn nicht, wie könnte man das ändern?
Was ist deine Aufgabe diesbezüglich?

Ich könnte diese Liste beliebig weiterführen. Ich möchte dir gleich zu Beginn des Buches diese Fragen ans Herz legen. Denn unsere kleine Reise hat auch den Sinn, dich noch mehr in deine Eigenverantwortlichkeit zu führen. Du bist unter anderem auf die Erde gekommen, um Neuerungen einzuleiten. Auch wenn du nicht direkt an den entsprechenden Stellen sitzt, die anscheinend die wichtigen Entscheidungen treffen. In deinem privaten Bereich kannst du beginnen, so zu leben, wie du es verantworten kannst. Ich möchte dich auch ermuntern, als Beispiel voranzugehen und anderen zu zeigen, wo Änderungen anstehen, um dann gemeinsam zu überlegen, wie man sie einleiten kann. Wo kann man beginnen? Im eigenen täglichen Leben liegt der Anfang. Er wird sich netzförmig ausbreiten. Jetzt ist die Zeit der Änderungen, jetzt ist es möglich, viel Altes loszulassen. Beginne bei dir! Weißt du, geliebter Mensch, die Veränderer werden nicht alle auf einem Platz sitzen. Sie sind verstreut und bilden ein Netz. Je mehr Menschen sich öffnen und mitarbeiten, desto feinmaschiger wird dieses Netz. Ich möchte dich bitten, einmal kurz die Augen zu schließen und dir die Erde von einer höheren Ebene aus vorzustellen. Schau dir die Erde an und erkenne ein feinmaschiges Netz, das sich um die Erde webt. Dieses Netz hat viele kleine Punkte, das sind die Menschen, die erwacht sind. Du wirst erkennen, dass es an manchen Stellen viele Punkte gibt, an anderen weniger. Und du wirst erstaunt sein zu sehen, dass sich auch auf den Meeren Punkte befinden. Dabei handelt es sich nicht um Menschen, es sind die Delfine und die Wale. Auf diese herrlichen Wesen gehen wir später näher ein. Wir werden sie besuchen.

Ich möchte dir vermitteln, dass du wirklich nie allein bist. Du bist ein Netzwerker. Du bist mit deinen geistigen Geschwistern eng verbunden und immer mit ihnen in Kommunikation. Dessen bist du dir meist nicht bewusst. Einige von euch Lesern haben schon bewussten Kontakt zu ihren Geistgeschwistern und üben fleißig durch ständiges Fühlen der Energien oder durch Telepathie. Wenn der Mensch nie allein, sondern immer mit anderen in einem großen Netz verbunden ist, das bis in die höchsten Ebenen reicht, dann müsste es doch auch möglich sein, zu allen Kontakt aufzunehmen? Gewiss, dem steht nichts mehr im Wege. Der Spielplan der Erde sieht nun vor, dass die Menschen nicht mehr, wie in den letzten Jahrtausenden, abgeschirmt und auf ihr Spielfeld „Erde" begrenzt agieren. Es ist möglich, das eigene Bewusstsein so auszudehnen, dass du mit Allem-was-Ist in Verbindung bist. Spätestens jetzt wirst du feststellen, dass wirklich alles miteinander vernetzt ist, nichts wirkt allein.

Wir wollen nun unsere Aufmerksamkeit dem Zentrum dieses Sonnensystems, der Sonne, zuwenden und ihr einen Besuch abstatten. Schließe dafür am besten deine Augen und umfasse mit deinem Bewusstsein dieses Sonnensystem. Dafür ist es nicht notwendig, genau zu wissen, wo welche Planeten liegen. Ich werde dich lenken, dich an mein Bewusstsein anschließen, und du wirst automatisch das Richtige sehen und fühlen. Umspanne mit deinem Bewusstsein das gesamte Sonnensystem, nimm dir gern ein bisschen Zeit dafür. Vielleicht schaust du es dir erst einmal aus einer Entfernung an, sodass du alle Planeten im Visier hast. Dann kannst du zoomen. Gehe hier und da etwas näher heran, begucke dir die Planeten und fühle ihre Energie. Beim Fühlen wirst du die unterschiedlichen Energien wahrnehmen. Sie fließen auch in die Qualitätsbeschreibungen der Astrologie mit ein. Du kannst die Qualitäten der Planeten fühlen. Es ist interessant, dies öfter zu tun, denn du erfährst dabei sehr viel über dich selbst. Jetzt zeige ich dir ein Netz, das alle Planeten, einschließlich der Sonne, miteinander verbindet. Es ist das planetarische Netz. Wir wollen später Kontakt zum Planetarischen Rat aufnehmen, der dieses Sonnensystem in seinem Bewusstsein hält. Jetzt konzentriere dich bitte auf die Sonne. Nimm sie von allen Seiten wahr. Spüre ihre Kraft und finde für dich selbst heraus, was sie in dir bewirkt. Wenn du im Frühling oder Sommer draußen ganz kurz in die Sonne schaust beziehungsweise blinzelst und dann die Augen schließt, siehst du ein herrliches Farbenspiel und ein geometrisches Muster. Bei längerem Probieren erkennst du eine bestimmte Konstellation. Das ist eine Planetenverbindung zur Sonne. Sie sieht immer anders aus, je nachdem, wie die Planeten gerade zur Sonne stehen. Meist hast du jedoch nur einen Teil dieser Konstellation vor deinem inneren Auge. Es ist kaum in Worte zu fassen, aber das zeigt dir von deiner höheren Sichtweise aus, dass du in alles eingebunden bist, du bist ein Teil davon.

Du bist jetzt eng mit der Sonne verbunden und wir nehmen nun Kontakt mit der Wesenheit der Sonne auf. Es ist Helios. Schon die alten Griechen verehrten ihn als ihren Sonnengott. Helios ist ein hohes Wesen, das mit seinem Bewusstsein einen größeren Anteil des Urlichts hält und weiterleitet. Er ist mit der Zentralsonne der Galaxie verbunden, die wiederum mit der Zentralsonne des Universums verbunden ist. Es ist wie eine Schachtel in einer Schachtel in einer Schachtel. Alles steht miteinander in Verbindung und du bist der Mikrokosmos im Makrokosmos. Wenn du deinen eigenen Körper betrachtest, findest du ein herrliches Universum in dir selbst. Es hat andere Proportionen, aber es ist das Ebenbild des Universums.

Wir wollen jetzt Kontakt zu Helios aufnehmen. Man sagt oft, dass er männlich sei. Das ist er in Bezug auf die Verbindung zur Erde (die Mondin ist die weibliche Komponente), weil er uns die Kraft spendet. Aber in sich ist er männlich und weiblich – genau wie du. Spüre meine Hand, ich reise jetzt mit dir in die Sonne hinein. Fürchte dich nicht, es ist nicht heiß, im Gegenteil, du wirst eine angenehme Kühle empfinden. Du bist sicher erstaunt, wenn ich dir sage, dass auf der Sonne Leben ist, viel Leben, buntes Leben. Wir wollen Helios einen Besuch abstatten. Er wird uns in einer herrlichen Landschaft empfangen. Jetzt lass los und genieße diesen Besuch. Er beantwortet gern alle deine Fragen.

Wie alle Planeten dieses Sonnensystems hat auch die Sonne verschiedene Dimensionen. Sie existiert für die Menschen sichtbar in der dritten Dimension. Doch ihr eigentliches Leben findet in der fünften und in höheren Dimensionen statt. Helios ist auf der sechsten Dimension aktiv. Das ist allerdings nicht ganz korrekt, denn es ist ihm möglich, auch in tieferen Dimensionen zu agieren – wie alle, deren Bewusstsein vieles umfasst.

Das Sonnensystem schwebt nicht nur einfach so dahin, es folgt einem genauen Entwicklungsplan. In diesem Plan ist natürlich ein Spielraum für diverse Optionen vorgesehen. So wie die Menschen hier den freien Willen haben, weil es ihr Ziel ist, hier viele Erfahrungen zu sammeln, um dann das dualistische System bereichert wieder zu verlassen. Aber Spielraum für die Entwicklung und für eigene Schritte ist überall gegeben. Die meisten „Bewusstseinseinheiten" – so will ich sie hier nennen, denn es sind nicht alles Menschen, die dieses Sonnensystem bevölkern – haben das Ziel vor Augen sich weiterzuentwickeln. Alle kamen in irgendeiner Form aus der Quelle. Für viele gilt das nicht direkt, sondern sie wurden von hohen Wesen erschaffen, die direkt der Quelle unterstellt sind. Stell dir einfach vor, dass jeder irgendwie Sehnsucht hat, wieder nach Hause zu kommen, denn dort ist es am schönsten. Dort ist Einheit, keine Getrenntheit. Es ist nicht leicht vorstellbar, wie es dort sein wird. Aber eines ist sicher, es ist vollkommen und ganz. Kein Streit, keine Kriege, nur allumfassende Liebe, eine allumfassende Einheit. Tief in jedem Wesen ist der Wunsch verankert, dorthin zurückzukehren. Er treibt alle an, sich zu entwickeln. Das ist der Weg einer jeden Einheit, die von zuhause ausgezogen ist oder aus dem Nest geworfen wurde: zurück in den Schoß der Quelle zu gehen, zu GOTT.

Nun haben viele Menschen entweder gar kein Bild von GOTT oder eines, das eher menschlich ist. Was ist GOTT? Eine Frage, die nicht mit Worten zu beantworten ist. Doch eines ist sicher: GOTT ist nicht getrennt von dir. GOTT ist in dir. Du bist ein Teil von GOTT.

Eine Übung für dich

Schon die alten Ägypter haben sich die Kraft der Sonne gern zunutze gemacht, auch um ihr KA zu stärken, ihren Ätherkörper, der den physischen Körper umgibt und ihn mit Energie versorgt. Suche dir einen Platz in der Sonne, konzentriere dich auf den Ätherkörper und bitte Helios, er möge ihn stärken. Je stärker der Ätherkörper, desto besser ist der physische Körper versorgt. Mache die Übung so lange, bis du selbst spürst, dass es genug ist.

Dies ist auch eine gute Gelegenheit, ein bisschen mehr in Kontakt mit dem Ätherkörper zu kommen. Spüre ihn, nimm ihn an allen Stellen wahr und empfinde auch die Verbindung zum physischen Körper. Das kannst du beliebig ausdehnen, auch in Bezug auf deine anderen Körper. Wie steht der Ätherkörper in Verbindung mit dem Emotionalkörper, der die alten Erfahrungen gespeichert hat? Vielleicht möchtest du den Emotionalkörper ein bisschen mit der Energie der Sonne durchfluten und in Harmonie bringen? Wer bewusst in Kontakt mit seinen vier niederen Körpern ist, bekommt leichter ein Gefühl für die Ganzheit. Du spürst, dass du nicht nur ein physisches Wesen bist. Du bemerkst sicher, dass es hier immer wieder um die Bewusstwerdung geht. Das erweitert wahrlich deinen Horizont!

Weitere Übungen

Die Kraft der Sonne verändert sich, sie nimmt zu. Das hängt mit den hohen Energien zusammen, die jetzt die Erde erreichen, und mit der generellen Veränderung des Sonnensystems. Es ist interessant, die verschiedenen Strömungen der veränderten Sonne zu spüren. Nimm dir Zeit und setze dich zu verschiedenen Tageszeiten in die Sonne. Du wirst Unterschiede spüren, wie die Kraft zu dir kommt, und du wirst sie als wellenförmig wahrnehmen. Die Sonnenkraft ist ein guter Stimulator für deinen Transformationsprozess, den du jetzt durchläufst. Die Sonnenkraft hilft dir außerdem, kraftvoller zu sein, denn du bist durch diesen Prozess oft müde und antriebslos. Halte ständig Verbindung zur Sonne und zu Helios. Helios unterstützt dich in deinem Prozess auch gern durch Informationen.

Wenn du gern einen Sonnenaufgang oder einen Sonnenuntergang beobachtest und die Energie genießt, dann versuche, dies noch öfter zu tun. Die Qualität der untergehenden Sonne war auch schon den alten Weisen bekannt. Es gibt noch ein ganz besonders Bonbon für Geduldige: Wenn die Sonne am Horizont langsam untergeht, öffnet sich für einen kurzen Moment ein Dimensionstor. Das kannst du nutzen, um noch intensiver mit uns von der anderen Seite des Schleiers verbunden zu sein. Vielleicht machst du einen kurzen Sprung zur Sonne? Du wirst deinen Körper verlassen und mit deinem Seelenkörper reisen. Die Zeit wird gedehnt und nach einer Weile bist du wieder zurück. Du denkst dann, du seist stundenlang fort gewesen, doch es waren nur Sekunden.

Barbaras persönliche Erfahrungen

Seit langer Zeit ist bestens bekannt, welche Kraft die Sonne für uns Menschen hat. Ohne ihre Strahlen würden wir nicht nur erfrieren, sondern auch unsere Psyche wäre sehr instabil. Ich persönlich gehöre nicht zu den Sonnenanbeterinnen, da ich zum einen eine sehr empfindliche Haut habe und zum anderen eher unruhig werde, wenn ich in der Sonne liege. Aber kurze Sonnenbäder sind mir sehr angenehm, ich tanke auf diese Weise gern auf. Ich experimentiere auch mit inneren Bildern von der Sonne, indem ich nach intensiverem Hineinschauen die Augen schließe. Ich genieße diese zentrierte Kraft. Sie gibt mir ein Gefühl des Vernetztseins. Ich fühle mich dann interdimensional und muss manchmal lachen, weil ich weiß, wir können so vieles, aber es ist uns nicht bewusst. Wir haben noch einen kleinen Schleier vor Augen, der uns denken lässt: „Ich bin ja nur ein Mensch."

Wenn ich ein Buch empfange und deshalb lange sitzen muss, gehe ich gern hinaus und suche mir einen Sonnenplatz. Umgeben von zwitschernden Vögeln und meiner Gastkatze, die schnurrend um meine Beine streicht, genieße ich nicht nur die Kraft der Sonne, sondern auch die Verbundenheit mit der Natur.

Ich persönlich bin gespannt, wie es weitergehen wird mit der sich verstärkenden Sonnenkraft. Wird die Erdatmosphäre diese Kraft noch filtern können? Oder verändert sich die Kraft insofern, als dass sie unseren spirituellen Prozess stärker unterstützt und wir unseren physischen Körper so anpassen, dass er keinen Schaden nimmt? Wenn man sich mit diesen Gedanken beschäftigt, bemerkt man, dass die geistigen Helfer oder das Höhere Selbst an dieser Diskussion teilnehmen und neue Ideen mit ins Spiel bringen. Das ist sehr interessant und ich kann es nur wärmstens empfehlen. Es führt zu völlig neuen Einsichten.

2

Der Planetarische Rat der Zwölf

Der Planetarische Rat ist ein Zusammenschluss, eine Gruppenenergie von zwölf hohen Wesenheiten, die vor langer Zeit hierherkamen, um dieses Sonnensystem zu erschaffen. Sie erschufen nicht nur dieses, sondern auch viele Systeme in unserer Galaxie. Jedes dieser unzähligen Sonnensysteme ist ein Teil von ihnen. Letztlich basiert alles auf einem mathematischen Zwölfersystem, das diese hohen Wesenheiten aus ihrem eigenen Sein heraus kreiert haben, in das sie selbst eingebunden sind und aus dem heraus sie ständig agieren. Diese großen schöpferischen Wesen sind mit irdischen Worten kaum zu beschreiben. Sie sind nicht Mensch, sie sind Energie, große schöpferische Energie. Sie umfassen diese ganze Galaxie und halten alle Sonnensysteme mit ihrem Bewusstsein zusammen. Das ist nicht nur ihr Dienst, sie sind es, sie sind der Dienst. Dieser Dienst, diese Aufgabe ist pures Aussenden von göttlicher Liebe. Da du in einem starken Transformations- und Erweiterungsprozess bist und das nicht immer einfach und eher anstrengend ist, bewertest du vielleicht ihre Aufgabe. Sie sind im Dienst wie du, aber sie sind es in Leichtigkeit, ohne Druck. Sie sind es einfach. Ihr Bewusstsein ist so groß, dass sie noch weitere Felder umspannen könnten. Aber das ist im Moment nicht ihre Aufgabe. Diese Zwölf sind keine Einzelwesen, sie sind ein Kollektiv. Sie können sich jedoch auch einzeln bewegen und zeigen. Wenn du oder ich mit ihnen in Kontakt treten wollen, wird dies vorrangig im Einzelkontakt geschehen. Erst später werden sie dich in die Kraft der Kollektivenergie hineinnehmen.

Dieser Rat agiert natürlich nicht allein, er hat viele Helfer, Bewusstseinsträger, verantwortliche Wesen, die bestimmte Bereiche betreuen. Einer von ihnen ist Sanat Kumara, den du schon im letzten Band von *Ein Kurs in Liebe (Der göttliche Weg)* kennengelernt hast. Er hält mit seinem Bewusstsein die Erde. So gibt es für jeden Planeten eine Bewusstseinseinheit, die die Energie des Planeten hält, steuert und beeinflusst. Sie erhält auch das jeweilige Lernprogramm aufrecht und justiert es immer wieder neu. Auf der Venus, wo das Leben in der fünften Dimension schwingt, gibt es etwas anderes zu lernen als auf der Erde. Die meisten Planeten schwingen nicht auf der dritten Dimensionsebene, sondern höher. Das ist natürlich auch der Grund, warum die Raumfähren, die physisch ausgerichtet sind, bei ihren Exkursionen und Messungen auf dieser Ebene nichts finden. Würden sie ihre Geräte auf eine höhere Ebene ausrichten, könnten sie viel Leben entdecken. Doch zurzeit fehlen den Wissenschaftlern noch die Technik und das

Verständnis, Wissenschaft und Spiritualität miteinander zu verbinden.

Der Galaktische Rat hat alles in seinem Bewusstsein, was in diesem und in den anderen Sonnensystemen, die sie erschaffen haben, geschieht. Nichts entgeht ihnen und sie haben für alles einen göttlichen Plan. Jede Bewegung, jede Veränderung hier und in den anderen Systemen ist für sie erkennbar. Sie können jede Aktivität wahrnehmen und einschätzen. Sie können sogar eingreifen und Handlungen verändern. Jetzt bist du vielleicht erstaunt und überlegst, ob sie auch eingreifen, wenn du eine Dummheit machst. Es mag verrückt klingen, aber genau das ist ihnen möglich. Sie werden deine Dummheit nicht als schwerwiegende Störung empfinden und wahrscheinlich mit einem liebevollen Lächeln verständnisvoll sagen: „Da ist wieder ein Erdenkind, das in tiefen Lernprozessen steckt!" Größere Dinge, die vielleicht störend für das gesamte Feld dieses Sonnensystems sind, werden korrigiert, wenn es gewollt ist. Verstehe, dass nicht nur du in die Dualität verwickelt bist. Es gibt viele Planeten, die in der Dualität existieren, sie sind drei- und vierdimensional. Ab der fünften Dimension sind Krieg und Frieden nicht mehr der Sinn des Daseins. Die dort leben, sind darüber hinausgewachsen und leben aus dem Herzen heraus. Die Dualität hat dort keine Kraft mehr. Dies alles umfassend zu verstehen ist auch ein Lernprogramm. Ich möchte dich ermuntern, diese Informationen immer mal wieder in deinen Gedankenkreislauf hineinzunehmen. Da wir diese kleine Reise ja gemeinsam machen, wirst du merken, dass ich jedes Mal neue Informationen hinzugebe. Du entdeckst Zusammenhänge und wirst ermutigt, sie in deinem Gedankengut zu speichern. Das Erwachen des Menschen beinhaltet auch, komplexe Zusammenhänge zu erkennen und zu integrieren. Das meine ich, wenn ich sage, dass du mit einem Bein schon in der Multidimensionalität lebst. Du gewinnst dann auch ein neues Verständnis für gewisse Zusammenhänge in deinem Alltag. Aus einer höheren Perspektive siehst du vieles ganzheitlicher. Das lässt dich leichter leben, du nimmst viele Probleme nicht mehr so ernst und erkennst auch, wie unwichtig manche kleinen Sorgen sind. Sie lösen sich meist von ganz allein auf, wenn man ihnen nicht so viel Aufmerksamkeit schenkt. Zwischenmenschliche Probleme berühren euch am meisten. Auf meine Empfehlung lernt diese Partnerin gerade, sich zurückzulehnen, sich aus dem Körper hinaus zu begeben und ein bisschen zu reisen. Wieder hier angekommen, betrachtet sie das Ganze erneut – und siehe da: Sie hat eine neue Sichtweise gewonnen und eine Eingebung erhalten, wie das Problem gelöst werden kann. In diesem Zusammenhang möchte ich unterstreichen, dass fast alle Sorgen und Unklarheiten aus menschlichem Tun entstehen, selten aus technischen Gründen. Die Emotionen des Menschen sind von alten Prägungen geleitet. Diese wiederum verhindern oft, dass der Mensch seinen Weg in Klarheit geht. Oft resultieren die Probleme, die ein Mensch verursacht, aus mangelndem Selbstbewusstsein. Alte Erfahrungen haben diesem Menschen vermittelt, er sei auf der Erde nicht willkommen, er sei nicht geliebt. Grundlegende Bedürfnisse wurden nicht ausreichend befriedigt, deshalb kann seine Energie nicht gut fließen und stockt bei Begegnungen, in denen die alten Muster wieder aktiv werden. Mein Rat für dich ist: Gehe bei solchen schwierigen Begegnungen auf Abstand und sieh dir den anderen von einer höheren Perspektive aus an. Du wirst schnell entdecken, wo er noch nicht in Klarheit ist und was er dir wirklich vermitteln will. Oft reichen ein paar nette Worte und deine Aufmerksamkeit, um alles zu glätten. Manchmal werden aus solchen liebevoll analysierten und geebneten Begegnungen sogar tiefe Freundschaften.

Ich möchte dich jetzt zu einem Experiment einladen und dir Gelegenheit geben, eines der zwölf hohen Wesenheiten des Galaktischen Rates kennenzulernen. Später kannst du dann auch einmal versuchen, das ganze Leben dieses Systems mit seinen Augen zu sehen. Ich weiß, dass der Begriff „sehen" hier nicht passt. Sollte ich stattdessen lieber „wahrnehmen" sagen? Auch das beschreibt nicht, was es bedeutet, mit seinem Bewusstsein ein so großes Feld zu umspannen. Aber du weißt sicher, wie ich es meine.

Nun schließe deine Augen, mache es dir bequem, ich reiche dir meine Hand. Spüre, wie du die irdische Welt verlässt und dich über dem Planeten Erde befindest. Vielleicht magst du kurz hinunterschauen und die herrliche Erde, diese blaue Perle, von oben bewundern. Nimm dir ruhig ein bisschen Zeit. Danach achte darauf, wie wir den Platz wechseln. Einige Planeten schwe-

ben an dir vorbei, dann wird das Bild neblig. Du tauchst in eine milchige Szenerie ein und stellst fest, dass du dich in einem raumähnlichen Umfeld befindest. Schau dich um. Du bist in einem Bereich, in dem sich die hohen Wesenheiten des Planetarischen Rates manifestieren, um Kontakte zu pflegen. Eigentlich sind sie körperlos, formlos, sie sind pure Energie und unermesslich weit. Du würdest sie vielleicht mit einem Riesen vergleichen, der so breit wie hoch ist. Sie sind allumfassend, was diese Galaxie betrifft. Sie können sich jedoch jederzeit in der Gestalt eines Menschen oder jeder anderen planetaren Lebensform manifestieren. Nun spüre, wie vor dir eine Gestalt Form annimmt. Es dauert vielleicht einen Moment, bis du es wahrnehmen kannst. Es ist eines der hohen Wesen des Planetarischen Rates. Es heißt dich herzlich willkommen. Spüre, wie es sich anfühlt, in dieser hohen Energie zu sein. Verstehe bitte auch, dass das Wesen seine Energie heruntertransformiert hat, sonst könntest du sie nicht ertragen. Dein System verträgt diese hohe Energie noch nicht. Dieses Wesen hat dich eingeladen, um dir ein bisschen von seinem Dienst zu erzählen und um dir zu vermitteln, wie wichtig es ist, alles aus einer ganzheitlichen Sicht heraus zu betrachten. Das Wesen möchte dir auch verdeutlichen, wie sehr ihr miteinander verbunden seid. Ich lasse dich jetzt ganz in Ruhe diese wundervolle Erfahrung machen. Ich bin da, wenn du mich brauchst.

Der Dienst dieses Rates ist schwer zu beschreiben, weil er eigentlich nicht viel mit den Handlungsformen zu tun hat, wie Menschen sie kennen. Dieser hohe Rat agiert als schwingende Welle, als eine Einheit. In dieser Einheit wird alles mit großer Liebe im Bewusstsein gehalten, es schwingt mit der Welle mit. Niemand und nichts kann sich diesem Schwingen entziehen. Das ist Einheit. Diese Einheit wiederum ist in eine andere, höhere Einheit eingewoben, in eine noch größere Welle. Oder soll ich „göttlichen Teppich" sagen? So ist wirklich alles miteinander verbunden, nichts agiert für sich. Und du darfst mir glauben, wenn ich dir sage, dass wirklich alles, was du tust, eine Wirkung auf alles andere hat, auch wenn du glaubst, dass ganz unwichtig ist, was du tust. Anders herum wird auch deine Liebe, die du für dich und für andere empfindest, erkannt und eingesetzt, um diese Welle noch einheitlicher zu formen und zu stärken. Denn in dieser Welle sind auch einzelne Lernprojekte, die noch nicht wieder vollkommen in der göttlichen Einheit mitschwingen. Sie kämpfen gegen das Licht, indem sie eigene Aktivitäten in der Dualität erleben und kämpferisch gegen den Strom schwimmen. Durch deine Art der Bewusstseinserweiterung hilfst du, dein Licht zu stärken. Es wird automatisch dort hingeschickt, wo es gebraucht wird. Das passt zu dem, was ich immer empfehle, nämlich das eigene Licht einfach nur bewusst in Krisengebiete zu senden. Es wird seinen Weg finden, es weiß, wo es gebraucht wird.

Du bist nicht einer, du bist viele. Sich mit dem Galaktischen Rat durch einen Gedanken bewusst zu verbinden, bedeutet, den göttlichen Fluss bewusst wahrzunehmen und in ihm mitzuschwimmen. Das Licht darin stammt nicht nur von den Menschen der Erde. Es kommt auch Licht, das zum Beispiel von einer weisen Seele der Plejaden gesandt wurde, zu dir und hilft dir, eine Schaffenskrise oder eine depressive Phase leichter durchzustehen. Das Licht GOTTES steht jedem zur Verfügung, es findet und beleuchtet jeden Weg.

Der Planetarische Rat hat viele Instanzen, die dieses Sonnensystem und die anderen wie eine große Familie betreuen. Diese Instanzen sind zum Beispiel die Herrscher oder Bewusstseinshalter der Planeten, die Aufgestiegenen Meister, untergeordnete kleinere Räte des Lichts, verschiedene Gruppierungen und Grade innerhalb der Förderationen sowie die Kommandanten der Raumschiffe, die um die Erde herum patrouillieren, um ihr zu helfen. Aber nicht nur sie. Überall sind Schiffe unterwegs, sei es, um Handel zu treiben oder um wissenschaftliche Forschungen zu betreiben. Es ist sehr viel mehr Aktivität in den Himmeln, als du dir vorstellen kannst. Aber eigentlich weißt du das alles, nicht wahr? Zahllose Schiffsverbände sind unterwegs, sei es in humanitärer Mission oder auch, um Kriegen entgegenzuwirken. Dazu reisen sie im diplomatischen Auftrag oder greifen sogar militärisch ein. Jeder Planet verfügt über viele solcher Schiffe. Ein paar Kommandanten haben sich auch hier auf der menschlichen Ebene durch gechannelte Botschaften bekannt gemacht. Sie alle haben Gesandte, die zu bestimmten Zeiten vor den hohen Rat der Zwölf geladen werden, um Bericht zu erstatten und gemeinsam Ideen zu entwickeln, wo das Licht GOTTES noch stärker ausgleichend wirken könnte. Denn das, was die Menschen im Fernsehen als *Star Treck* und Ähnliches sehen können, entspricht im Groben nicht der Fantasie, sondern ich möchte es als authentisch bezeichnen. Es gibt auch in diesem Universum immer noch Orte, wo die Dualität weiterhin gelebt wird. Das Ziel ist, diese Dualität auslaufen zu lassen. Doch das ist nicht auf einmal zu erreichen. Das bedarf vieler kleiner Schritte. Nun möchte man denken, hier und da könnte der Planetarische Rat doch einfach durchgreifen und sagen: „Schluss, aus, vorbei, es werde überall Licht." Das könnte er, aber damit wäre das Spiel, die Idee, das Konzept eines materiellen Sonnensystems vorzeitig abgebrochen. Man muss verstehen, dass alle Wesensaspekte, die in der Dualität agieren, eine höhere Instanz haben. Diese höheren Instanzen schickten einst Anteile hinaus ins Abenteuer. Nun rufen sie sie langsam zurück. Der Ausgang des Spiels soll sich selbst entwickeln. Es geht dabei darum, Erfahrungen zu sammeln. Viele Höhere Selbste gucken bewundernd und erstaunt zu, was sich in der Dualität alles erfahren lässt.

Jetzt komme ich zu einem wichtigen Punkt, den wir noch nie in dieser Form besprochen haben. Alle Aktivitäten, die auf der Erde und in diesem Sonnensystem geschehen, haben auch etwas mit Energieerzeugung zu tun. Eine jegliche Aktivität erzeugt Energie. Beginnen wir bei dir selbst: Alles, was du tust, was du fühlst, was du denkst, erzeugt Energie. Was die „Qualität" anbelangt, sind deine Gedanken und Tätigkeiten, die voller Liebe sind, die hochwertigsten. Die niederen Gedanken und Tätigkeiten sind schwere Energien, die Schattenanteile haben und nicht lichtvoll wirken. Dies ist nicht leicht zu beschreiben.

Aber wenn du jetzt ins Gefühl gehst, wirst du spüren, wie das gemeint ist. Menschen, die ihre Gedanken und Emotionen unter Kontrolle haben, produzieren ständig hohe Energie. Dieses Licht wird anderen Menschen, anderen Wesen, anderen Planeten, dem Sonnensystem zur Verfügung gestellt. Es wird immer dahin gelenkt, wo es gebraucht wird. Kommen wir kurz auf dich zurück: Wenn du dein eigenes Leben jetzt daraufhin anschaust, durchaus auch Alltagssituationen, dann siehst du wahrscheinlich alles in einem anderen Zusammenhang. Du erkennst, warum du wann wohin gegangen bist. Da war etwas zu tun, zu erledigen, für dich oft gar nicht erkennbar, aber du hast dein Licht dorthin gebracht. Bestimmte Situationen, in denen du sehr klar warst oder dein Herz weit geöffnet hattest, wurden sehr lichtvoll. Ich will dir damit sagen: Wenn du alle Gedanken und Sorgen loslässt und einfach nur bist, dann kann das göttliche Licht alles leicht durchdringen, alle Lebenslagen entspannen. Diese kraftvolle Energie fließt durch alles hindurch. Jede Liebesschwingung wird gebraucht. Du sendest sie aus, wenn du zum Beispiel mit dir ganz zufrieden bist und das Leben wundervoll findest. Diese Schwingung wird dann absorbiert, sozusagen eingesammelt, und findet aus dem Pool heraus dann ihren Weg dahin, wo sie gebraucht wird. Deine Aufgabe in diesem dualen System ist es unter anderem, ein hochwertiger Erzeuger und Transporteur dieser Liebesschwingung zu sein. Je mehr du dieses Licht erzeugst und durch dich hindurchfließen lässt, desto mehr verändert sich auch dein Alltag, weil alles lichtvoller, leichter wird. Die Probleme treten in den Hintergrund, werden durchlichtet, finden eine Klärung oder lösen sich auf. Deine hohe Liebeschwingung ist Unterstützung für andere Menschen und hilft der Erde, sich zu transformieren und den Weg in die Einheit leichter zu gehen.

Dein Höheres Selbst und das Selbst darüber beobachten jetzt besonders aufmerksam, wie du dich entwickelst. Du bist ein Anteil von ihnen, der auszog, zu lernen und Erfahrungen zu sammeln, die der Allgemeinheit dienen. Irgendwann bist du wieder ganz mit deinem Höheren Selbst verbunden, dann wirst du diese Erde verlassen. Und wer weiß, welches wundervolle Abenteuer dann auf dich wartet.

Der Galaktische Rat hat dann vielleicht eine besondere Aufgabe für dich. Womöglich reist du als Diplomat von Planet zu Planet. Möglicherweise hast du das schon getan, bevor du zur Erde kamst. Dein diplomatischer Dienst wird dann sicher sehr wertvoll sein, weil du deine Erdenerfahrungen mit einbringen kannst. Dies wiederum dient der Welle, der Einheit dieses Sonnensystems. Vielleicht spürst du jetzt in diesem Moment die Kraft der Einheit. Könnte es sein, dass ein Mitglied des Hohen Planetarischen Rates gerade ein bisschen liebevoll gelacht hat? Hörst du es? Nein, es lacht dich nicht aus. Es lacht liebevoll und mit großen Verständnis. Bist du doch ein Teil von ihm!

Eine Übung für dich

Ein Besuch beim Planetarischen Rat oder einer seiner vielen Instanzen ist eine praktische Hilfe für den Alltag. Es geht nicht darum, hier den Boden unter den Füßen zu verlieren und nur noch geistig unterwegs zu sein. Doch der erweiterte Blick, der sich dabei einstellt, dieser losgelöste Blick, lässt die alltäglichen Sorgen leichter erscheinen und bringt die Lösung fast wie von selbst. Manchmal heißt die Botschaft oder Einsicht, die Sorge ein paar Tage ruhen zu lassen und dann erst zu handeln, weil dann das passende Zeitfenster gekommen ist. Manchmal weiß man plötzlich, was zu tun ist. So ein Besuch kann auch einfach nur die Einsicht bringen, dass das irdische Leben wirklich eine Illusion ist, ein Leben in einem Hologramm. Ich möchte aber nicht vermitteln, dass es sinnlos ist, hier zu leben. Das lege ich besonders den Leserinnen und Lesern ans Herz, die im Moment ein bisschen erdenmüde sind! Die vielen Erkenntnisse werden euer Sein erweitern, und an den Schwingungen eurer Aura wird man euch später auf anderen Ebenen als Erdenpionier erkennen.

Jetzt mache dich bereit für eine kleine Reise. Wir besuchen wieder ein Wesen des Galaktischen Rates, und es ist dir gestattet, einmal aus dem Bewusstsein dieses hohen Wesens heraus einen Blick ins Sonnensystem hinein zu werfen. Ich reiche dir meine Hand und bringe dich augenblicklich in den Bereich des Mitglieds des Planetarischen Rates der Zwölf, das sich für dich manifestiert. Lass dich von diesem herrlichen Wesen begrüßen und spüre die große Liebe, die dich einhüllt. Dann bemerke, wie sich dein Sein verändert. Du wirst ganz aufgenommen in das Zentrum dieses Bewusstseins. Es wird einen Moment dauern, bis du dieses Umjustieren halten kannst. Dann spüre, wie du das Sonnensystem mit deinem ganzen Sein umspannst. Du schaust wie durch die Augen des großen Wesens voller Inbrunst und Liebe in das gesamte Sonnensystem. Du hältst es mit deinem Bewusstsein. Das ist eine außergewöhnliche Erfahrung. Genieße sie!

Eine weitere Übung

Vielleicht gehörst du zu den Menschen, die gerade keine Arbeit haben oder mit einer anderen Auszeit gesegnet sind. Dann nimm dir ein bisschen Muße und beschäftige dich mit diesem Sonnensystem. Lies entsprechende Bücher oder besuche ein Planetarium. Das Besondere daran ist, dass du mich bitten kannst, dich dabei zu begleiten. Vielleicht untersuchst du die Schwingungen der verschiedenen Planeten, die um unsere Sonne kreisen. Du spürst ihre Kraft. Ich werde dich inspirieren, was man sonst noch von ihnen lernen kann. Später erweitere deinen Blickwinkel und beschäftige dich mit umliegenden Planetensystemen und Sternenhaufen. Auch wenn sie nicht mehr existieren und schon erloschen sind, haben sie doch weiterhin ihre Wirkung. Vielleicht gestattest du mir, dich mit auf kleine Reisen zu nehmen, während du in die Bücher eintauchst. So lernst du auf verschiedenen Ebenen. Nebenbei bemerkt: Du weißt eigentlich alles. Wirklich alles, bist du doch Teil eines großen Bewusstseins. Du brauchst es nur darum zu bitten, dich teilhaben zu lassen, dann wird es geschehen.

Barbaras persönliche Erfahrungen

Es klingt vielleicht ein bisschen verrückt, aber es ist tatsächlich so, dass ein Teil von uns in diesem Planetarischen Rat der Zwölf ist. Wenn wir Kryons Symbolik von der göttlichen Leiter aufgreifen, dann haben wir ein Höheres Selbst, das ein Höheres Selbst hat und so weiter. In diesem Sonnensystem reicht es bis hin zu diesem hohen Galaktischen Rat. Jedes Höhere Selbst hat wiederum in einer höheren Sicht oder auf einer höheren Ebene ein Höheres Selbst über sich. Jedes dieser Höheren Selbste hat viele eigene Anteile, die es in fremde Bereiche aussendet, um Erfahrungen zu machen. Jetzt, in dieser Wandelzeit kann man relativ einfach Kontakt zum Höheren Selbst aufnehmen, das uns hierher sandte, in das duale System und zur Erde. Das ist der Schritt, der jetzt als Erstes ansteht. Wenn man das ausprobiert hat, dort gut Kontakt hält, warum sollte man dann nicht zu weiteren noch höheren Selbsten Kontakt aufnehmen? Ich habe mir schon drei weitere höhere Aspekte angeschaut. Ich hab die Augen geschlossen und mein Höheres Selbst, Kryon, darum gebeten, mir den noch höher gelegenen Anteil vorzustellen. Eine Begegnung war besonders eindrucksvoll. Dieses Höhere Selbst war äußerlich eine wunderhübsche Frau, die sich auch mit einem sehr weiblich klingenden Namen vorstellte. Ich war entzückt. Nur ihre blaue Hautfarbe irritierte mich zuerst ein bisschen. Aber dann legte ich meine irdische Denkweise ab und öffnete mich ganz ihrer Energie. Es war unbeschreiblich warm in meinem Herzen. Wir haben uns lange über die so wichtige weibliche Energie unterhalten, die jetzt die Erde verändert. Mein Höheres Selbst hat mir vermittelt, dass diese Energie stark in mir verankert ist. Sie sei ein Aspekt der göttlichen Mutter, die jetzt aktiv durch mich wirkt. Da war ich sehr erstaunt, aber beim längeren Fühlen und Überdenken gerade meiner letzten Jahre erschien mir dies durchaus plausibel. Ich bin sehr dankbar für diese Erfahrung. Sie hat mir meine eigene Weiblichkeit noch ein wenig näher gebracht. Das ist wohl unsere Hauptaufgabe und das gilt nicht nur für uns Frauen. Haben wir in uns doch alle eine weibliche Seite, die oft unterdrückt wurde. Ich kann Ihnen nur wärmstens empfehlen, öfter geistig weite Reisen zu machen, die das Bewusstsein aufbrechen. Das dient uns hier auf unserem Erdenweg sehr.

3

Die Veränderungen des Sonnensystems und der Erde

NEXOS VOM PLANETARISCHEN RAT DER ZWÖLF SPRICHT

Ich bin Nexos vom Planetarischen Rat der Zwölf. Seid mir herzlich willkommen, liebe Leserinnen und Leser dieser Schriften. Es ist mir eine Ehre, hier als Gast in dieser Runde zu sein. Ich fühle viel Interesse für die weiten Welten des Raumes. Ich weiß, ihr würdet lieber heute als morgen diese Welten erkunden, doch euer irdisches Sein ist nicht in der Lage, dies umfassend zu tun. Es ist euch noch nicht möglich, die Molekularstruktur eures Bewusstseinskörpers beliebig zu wandeln, sodass ihr jederzeit überall hinreisen könnt. Ich darf euch versichern, wir sehen dies mit Verständnis, manchmal auch mit einem wissenden Lächeln. So haben wir doch all unsere Liebe zu euch geschickt, um denen behilflich zu sein, die probieren, sich über das Feld der Erde hinaus zu orientieren. Wisset, dies geschah schon immer. Wir helfen allen, die erwachen und sich für die anderen Welten öffnen wollen. Nur waren es in den letzten Jahrtausenden nicht allzu viele, die sich für uns öffneten, um die Fesseln des Erdenspielfeldes zu sprengen. Es geht darum, das Feld der Erde, das einen festen Entwicklungsplan beinhaltet, zu durchbrechen und sich Allem-was-Ist zu öffnen. Das versuchten vor der Zeit der letzten großen Flutwelle viele Wesen. Doch sie sind nicht unbedingt mit denen zu vergleichen, die heute hier als Menschen leben. Sie hatten eine andere DNS-Struktur, ihre Hirnkapazität war größer. Seit der letzten großen Flut gab es eine große Veränderung im Spielrahmen, sodass es sehr schwer wurde, uns zu erreichen. Wir wollen uns als Mitglieder des Rates der Zwölf auch nicht als die Instanz empfehlen, die man unbedingt erreichen muss. Es gibt viele weit entwickelte Seelen, die dieses Sonnensystem bevölkern und nur darauf warten, den Menschen und auch anderen Wesen, die noch in der Dualität gefangen sind, zu helfen. Seid versichert, dass wir jeden Seelenaspekt in Liebe geleiten dorthin, wo sein Weg ihn hinführt. Wir müssen nur eine Hand sehen, die ausgestreckt ist, dann sagen wir dir: „Dein Wunsch ist uns Befehl."

Die Pläne für die Erde, das Sonnensystem und die gesamte Galaxie sind nun in andere Bahnen gelenkt. Stell dir vor, dass wir immer das in unserem Bewusstsein halten und ausführen, was nach dem Plan, den nicht nur wir, sondern auch noch höhere Instanzen entworfen haben, zu tun ist. Wir tragen die Konsequenzen nicht allein. Jeder Schritt, den ein jedes Wesen in dieser Ecke des Universums tut, ist nicht zufällig. Wir arbeiten alle an einem großen Plan. Es gab eine Zeit, da war in diesem Plan viel Chaos enthalten. Konkreter ausgedrückt: Es gab sehr viele Lernprogramme, die denen der Erde ähnlich waren, und diese Programme enthielten einen großen Spielrahmen. Wisset, jeder Spielrahmen hat einen göttlichen Plan als Ursprung, aber es gibt immer die Wahl, Umwege oder den direkten Weg der Evolution zu gehen. Wir geben nur bestimmte Standards vor, der Rest ist offen. Ihr auf der Erde habt noch etwas ganz Besonderes: Ihr lebt nach dem freien Willen. Wenn jemand viele Leben auf der Erde leben will und aus den astralen Bereichen heraus immer wieder neue Leben konstruiert, ist uns das recht. Sanat Kumara wird auch kein Veto einlegen. Er weiß, jeder kann das für sich entscheiden. Was sich nun verändert hat, ist, dass dieser Bereich des Universums eine Generalamnesie erfährt. Viele von denen, die noch einiges auszugleichen haben (wollte man es wertend ausdrücken), bekommen die Chance, viele Strukturen und Wiederholungsgründe in kurzer Zeit abzugelten und abzulegen. Es ist nicht mehr erforderlich, sie zu leben.

Wir brauchen weiterhin eine Schar von freiwilligen Helfern, die die Schwingungen dieses Planeten so erhöhen, dass die Erde sanft in die schon vorhandene fünfte Dimension gleiten kann. Die fünfte Dimension des Planeten war immer da, aber die Erde gleitet in eine andere Richtung, und es wurde eine neue fünfte Ebene geschaffen. Das alte fünfte Dimensionskonstrukt hat ausgedient und wird sich langsam auflösen. Das war die Ebene, von der die Erde herkam, bevor sie in die dritte Dimension ging. Vieles von den alten Prägungen diverser Planeten wird aufgelöst. Das gesamte Sonnensystem erhöht seine Schwingung und entlässt alte Strukturen. Ein jeder Seelenaspekt kann sich dieser Neuerung anschließen und ist herzlich willkommen auf diesem außergewöhnlichen Weg.

Was zu tun ist? Öffnet euch für das Neue und lasst das Alte los. Das gilt für alles in eurem Leben: alte Denkweisen, Wertungen, störende Barrieren ... entlasst sie. Seid offen für die hohe Musik, die jetzt auf die Erde einströmt. Es ist wirklich ein Konzertmeer an hohen Schwingungen, das auf die Erde fließt. Immer intensiver werden die Klänge, immer feiner und hoch schwingender. Ein jeder ist willkommen, dies zu fühlen und sich einzugliedern. Ihr habt sicher schon bemerkt, dass es nicht mehr so schwer ist, sich der Neuen Energie zu öffnen. Vor zwanzig, zehn, ja sogar noch vor fünf Jahren waren wir nicht so sicher, wie sich diese Vermählung der alten mit der Neuen Erde gestalten würde. Waren doch noch so viele Menschen so sehr in ihrem Spiel der Illusion verhaftet. Waren doch noch so viele tief im Hologramm damit beschäftigt, Rollen zu spielen, ohne den Kopf zu heben und zu bemerken, dass alles doch nur ein Theater ist. Es ist ein schönes, edles Theater mit feinen Kostümen und guter Dramaturgie, aber eben ein Theater. Die Wirklichkeit findet in den höheren Welten statt, in denen ihr bereits vorhanden seid. Ihr seid euch dessen nur nicht bewusst.

Ich bin hier diesem Feld des Buches nähergekommen, um jedem Einzelnen eine freudige Botschaft zu überbringen: Es wird nicht mehr lange dauern, dann ist notwendige Masse für den Bewusstseinswandel erreicht, damit die Erde es leichter hat, ihren Weg zu beschreiten. Lasst euch nicht von den Hiobsbotschaften und den damit verbundenen Weltuntergangsszenarien und Unkereien beeinflussen. Die Erde ist im Wandel, das ist korrekt. Es ist ein Klimawandel im Gange, das ist unübersehbar. Die Pole werden sich weiter verschieben, das geschieht ja schon seit einer Weile, aber ihr seid immer noch da, ihr seid nicht untergegangen. Die Erde hatte die Möglichkeit, den Weg der Zerstörung zu gehen oder einen anderen Weg einzuschlagen. Sie hat sich für den sanfteren Weg entscheiden können. Die Bewusstseinsentwicklung der Menschen hat es möglich gemacht. Ich möchte jedem Einzelnen von euch herzlich dafür danken. Jeder von euch ist wichtig, niemand steht im Schatten des Ruhmes. Jeder, der dies liest, hat geholfen, dass die Erde ihren Weg ein Stückchen leichter gehen kann. Es wird keinen Untergang der Erde geben. Die alten Indianer – die Hopis, die Maya und andere alte Völker, die zum Teil kaum Spuren auf der Erde hinterließen – wussten, dass alle 26.000 Jahre ein neuer Weg eingeschlagen wird. Sogar alle 13.000 Jahre können Eiszeiten im Zyklus der Erde auftauchen. Das geschah auch in den letzten Jahrtausenden hier auf der Erde. Das haben diejenigen unter euren Wissenschaftlern, die eher ganzheitlich denken, schon festgestellt. Was ist nun von dem zu halten, was jetzt auf der Erde geschieht? Steht eine neue Eiszeit bevor? Ja, so ist es. Wird sie alles Leben auf der Erde zerstören und die Erde unbewohnbar machen? Nein.

Jetzt seid ihr in einem Strudel von Wetterschwankungen. Die werden noch andauern. An einigen Stellen der Erde sind große Hitzewellen zu beobachten. Bei Gebieten, die den Jahreszeiten unterliegen, werdet ihr bemerken, dass diese sich allmählich auflösen. Nach einer Zeit sprunghafter Temperaturwechsel nähern sich die Jahreszeiten einander immer mehr an und dann wird es kälter werden. Das wird die meisten von euch, die jetzt hier leben, nicht mehr betreffen. Die Eiszeit wird nicht mit früheren zu vergleichen sein. Das hängt mit der Veränderung der Umlaufbahn der Erde und des gesamten Sonnensystems zusammen. Die Erde ist sanft gepuffert. Stellt euch jedoch auf Zeiten ein, die viel kälter sein werden, als ihr es gewohnt seid. Stellt euch ebenso auf starke Aktivitäten des Wassers ein. Dies wird noch vor dem großen Eis eintreten. Eiszeit hört sich nach „Erfrieren, Absterben jeglichen Lebens" an. Das wird nicht so sein. Richtig ist, dass es Lebensformen im Pflanzen- und im Tierreich geben wird, die es vorziehen, die Erde zu verlassen. Ihr Zyklus ist vielleicht auch beendet. Es wird auch Menschen geben, die sich in ein dramatisches Untergangs- und Endzeitdenken begeben und diesen Umschwung zum Anlass nehmen, die Erde zu verlassen. Doch das ist ihre eigene Entscheidung. Sie wählen es so.

Ich möchte euch Mut machen, dem ins Auge zu sehen. Was zu tun ist? Sich fest in der eigenen Mitte verankern und sicher sein, dass alles gut ist, so wie es ist. Es gibt keinen Grund, in Panik zu verfallen. Jeder von euch gibt mir sicher recht, wenn ich sage, dass dies doch eigentlich wunderbare Aussichten sind. Denn nach dem Eis kommt eine lange Zeit, wie sie bereits von vielen Weisen beschrieben wurde. Es ist das Goldene Zeitalter: Die Erde erhebt sich aus der Dualität. Die 26.000 Jahre währenden Zyklen haben keine Gültigkeit mehr. Dann gelten andere Zyklen. Die Erde hat dann keine Laufbahn mehr in der Dualität.

Das ist die Vorausschau für die nächsten Jahre, die ich, Nexos, mir erlaube, euch zu überbringen. Alles, was ist und was geschieht, hängt mit der Sichtweise des Betrachters zusammen. Ihr kennt den Vergleich mit einem zur Hälfte gefüllten Glas Wasser. Der eine sieht es als halb leer an, der andere als halb voll. Betrachte den Wandel der Erde als etwas Wunderbares mit viel neuem Potenzial. Die meisten von euch Erwachten sind deshalb auf die Erde gekommen. Ihr habt darauf schon lange gewartet. Jetzt ist die Zeit da. Seid in eurem göttlichen Zentrum, dem Herzen, fest verankert und seid sicher: Für euch ist gesorgt. Wer nun sein Leben aus dem Herzen heraus weiterlebt, dem kann nichts geschehen, denn er ist vom höheren Anteil seines Seins geleitet. Er wird auch immer eine freie Hand für andere haben, die noch nicht aus der Mitte heraus leben können und auf der Suche sind.

Ich bin in großer Achtung vor allem Leben
Nexos

Eine Übung für dich

Nexos ist ein Teil des Gruppenbewusstseins des Planetarischen Rates der Zwölf. Er kann sich jederzeit als ein Einzelwesen aus dieser Gruppe herauslösen. Das ist für die Menschen sicher nicht leicht vorstellbar. Nexos hat bestimmte Qualitäten, die ihn zu einem außergewöhnlichen Diplomaten machen. Er liebt es, andere Wesen in Liebe auf das hinzulenken, was als Nächstes ansteht. Er liebt es ebenso, die Menschen zu Quantensprüngen zu animieren. Er sagt, dass die Kraft dafür da ist und empfiehlt, jegliche Gelegenheit zum Wachstum zu nutzen. Oft neigt der Mensch dazu, nur durch das zu wachsen, was er als „Fehler" bezeichnet. Doch ich, Kryon, meine: Wie wäre es, wenn du mir ein Zeichen gibst und damit die Genehmigung, dass ich dir ein paar Gelegenheiten schicke, aus denen du lernen kannst, deine Angst loszulassen? Gut, ich bemühe mich und werde dir Situationen schicken, halte die Augen offen!

Nun hast du die Gelegenheit, Nexos näher kennenzulernen. Ich reiche dir wieder meine Hand und geleite dich zu den Ebenen von Nexos. Du bist sofort in diesen höheren Reichen, es gibt keine Reisezeit, es geschieht jetzt. Spüre seine licht- und liebevolle Energie. Es könnte sein, dass dir fast ein bisschen schwindelig wird. Lass dich begrüßen und lausche, was er dir zu sagen hat, und stelle deine Fragen.

Barbaras persönliche Erfahrungen

Nachdem ich Nexos' Rede empfangen hatte, suchte ich mir ein stilles Plätzchen und bat ihn um eine private Audienz. Er lachte sehr, als ich meine Bitte geistig aussprach, und er sagte: „Erinnerst du dich nicht an mich? Wir hatten schon das Vergnügen." Ich musste einen Augenblick überlegen und mich ganz auf mein inneres Auge konzentrieren, um ihn wahrnehmen zu können. Dann stand er da in einem prächtigen Gewand aus silbrig schimmerndem metallischem Stoff. Er ist wirklich sehr imposant und eine prächtige Erscheinung. Ich brauchte einen Moment, um diese Kraft anzunehmen. Dann lächelte er und sagte: „Na, weißt du noch, wo wir uns trafen?" Dann fiel es mir ein.

Es war zu einer Zeit, als ich mit Kryon zu arbeiten begann. Ich habe in der Zeit noch nicht öffentlich mit ihm gearbeitet, wohl aber sehr viel gemeinsam mit ihm an mir selbst. Er hat mir einige alte Leben gezeigt und auch Verbindungen, die diese Leben geprägt haben. Einmal war ich auf einer Wiese und eine sehr prächtige Wesenheit stand plötzlich da und lächelte mich an. Auf die Frage, wer er denn sei, sprach er lächelnd: „Ich bin ein Familienmitglied. Fürchte dich nicht, wir treffen uns zu einem späteren Zeitpunkt wieder. Dann wirst du viel mit Kryon unterwegs sein." So sprach er und war auch schon weg.

Ich war von seiner Erscheinung sehr beeindruckt und fragte Kryon natürlich, was es mit der Familie auf sich habe. Aber damals wollte er mir nicht mehr darüber sagen. Ich werde jetzt sicher öfter bewusst mit Nexos in Verbindung sein. Besonders die Informationen über den Weg der Erde würde ich gern noch vertiefen.

4

Unsere Verwandten von den Plejaden

Ungefähr die Hälfte der Menschen, die zurzeit inkarniert sind, nehmen an, sie seien auf die Erde gekommen, um hier ein Leben zu leben. Nicht alle glauben an Wiedergeburt und leben dementsprechend, weil sie nicht wissen, dass sie das jetzige Dasein aus vielen Leben gestalten. Sie denken, die Geburt sei der Beginn, dann folgten Kindheit, Jugend, mittlere Jahre, Alter und Tod, und das sei es gewesen. Über die Veranlagungen, die sie in ihren Genen vermuten, spekulieren diese Menschen. Was habe ich von meinem Großvater geerbt, was von meiner Mutter? Sie sprechen auch von der Intelligenz, die ein Mensch hat. Ist sie vererbbar? Woher kommt sie? Ist sie genetisch bedingt? Stammt sie von einer bestimmten Linie der Familie? Das Erbgut eines Menschen ist nicht nur bei der leiblichen Verwandtschaft, bei den Ahnen zu suchen. Es reicht sehr weit zurück. Sehr, sehr weit, es reicht Millionen Jahre zurück. Kein Mensch kann das je nachvollziehen. Seit es zum ersten Mal Leben auf der Erde gab, kamen viele Besucher. Einige von ihnen experimentierten mit dem menschlichen Körper und den DNS-Strängen. Andere kamen und brachten ihr Erbgut mit und vereinigten sich mit den Wesen, die schon hier lebten. Das Erbgut des Menschen ist äußerst vielfältig und nicht nachvollziehbar. Zumindest nicht mit den Mitteln, die den Wissenschaftlern heute zur Verfügung stehen. Ihr müsst verstehen, dass viele Faktoren aus den Genen, aber auch aus den interdimensionalen Schichten der DNS den Menschen beeinflussen. Außerdem werden in jedem Leben wieder neu Eltern mit ihrem Erbgut sowie andere Gegebenheiten ausgesucht, je nachdem, was die Seele bearbeiten möchte. Die Besucher der Erde waren vielfältig. Die eigentlichen Ureltern der Menschheit lassen sich in vier Grundfamilien unterteilen. Eine der größten Besucherfamilien sind die Bewohner der Plejaden.

Wenn man die Plejadier genauer betrachtet, stellt man fest, dass sie sich aus unterschiedlichen Familiengruppen zusammensetzen. Sie existieren nicht nur in menschlicher Gestalt in diesem Sonnensystem, sondern sie haben auch die Erscheinung einer Echse. Ihre Hautfarbe ist bläulich. Einige der lieben Leserinnen und Leser haben im Geiste schon Erfahrungen mit ihnen gemacht, teilweise sogar mit beiden Gruppen der Familie der Plejadier. Die blauen Echsen sind eine uralte Form, die von weit herstammt. Sie leben seit langer Zeit in dieser Galaxie und in diesem Sonnensystem, stammen aber ursprünglich aus einem anderen Universum. Sie haben sich auf die Reise begeben, um neue Welten kennenzulernen und auch zu erschaffen. Aus dieser Gruppe haben sich einige Familienzweige so weit in dieses Sonnensystem integriert, dass sie auch erfahren wollten, wie es ist, in der Dualität zu leben. Sie reisten umher und okkupierten einige Planeten, indem sie diese bekriegten. Sie fanden auch den Weg zur Erde und betrieben hier wiederholt Raubbau am Inneren der Erde und auch an den Menschengattungen, die zu der Zeit hier lebten. In den Büchern, die zu diesem Thema veröffentlicht sind, wird oft nur ein Übergriff geschildert und der Abbau des Goldes und sowie die Manipulation der Genetik des Menschen erwähnt. Richtig ist, diese Plejadier waren mehrfach hier und blieben auch über längere Zeiträume. Sie haben sich immer wieder neu in diesen Planeten verliebt und sind hier heimisch geworden. Das mag komisch klingen, aber Verliebtsein hat etwas mit Habenwollen zu tun. Kennst du das nicht auch? Ein Teil von ihnen ging dann wieder, um andere Welten zu erobern.

Die Plejadier sind sehr unterschiedlich in ihrer Gestalt. Es gibt auch eine Gruppe, die sehr menschlich aussieht und zu den Vorfahren der Menschen gehört. Man kann sagen, dass die Plejadier eine Vereinigung von mehreren Rassen sind, die sich im Laufe der Zeit zusammenfanden und zum Teil von weit her aus entfernten Universen kamen. Sie sind demnach eine multikulturelle Großfamilie. Die menschlich aussehenden Wesen hatten ihre Zeit des dualistischen Probierens schon hinter sich und sind auf die Erde gekommen, um hier in Frieden einige Zeit zu verweilen. Als sie kamen, hatte die Erde gerade einen Zyklus beendet, der mit einer Eiszeit schloss. Die Erde war damals nicht sehr bevölkert. Nur noch wenige Überlebende hatten sich an die noch bewohnbaren Orte zurückgezogen. Die Plejadier gründeten ein Reich, das heute als „Lemuria" bekannt ist. Dort lebten sie in einer fast fünfdimensionalen Schwingung, tief mit Allem-was-Ist verbunden. Es waren Naturmenschen (sie sind ausführlich in Band 1, *Das Erwachen*, beschrieben), die tief aus ihrem Herzen heraus lebten. Nach dem Untergang von Lemuria zog es viele von ihnen zurück auf ihren Heimatplaneten. Eine andere Gruppe beschloss, im Inneren der Erde einen Platz zu suchen. Wir haben schon über das Innere der Erde gesprochen (Band 1). Sie siedelten sich in einigen Höhlensystemen an. Eines davon liegt unter dem Mount Shasta in Kalifornien. Die Lemurier bewahren ein hohes Wissen, das sie nun gern mit den Menschen der oberen Erde teilen möchten. Ein jeder von euch ist aufgerufen, mit ihnen Kontakt aufzunehmen. Dafür ist es nicht notwendig, nach Kalifornien zu reisen, du kannst dies auch telepathisch tun. Es geht nicht nur darum, dieses Wissen wieder zu leben, sondern es geht auch um eine lichtvolle Vernetzung. Diese Vernetzung ist das Grundanliegen der Helfer der Erde. Diese Lichtvernetzung hilft dem Planeten Erde, sich in die neue Umlaufbahn hineinzubewegen. Deshalb sind die Plejadier schon sehr aufgeregt und warten nur darauf, dort zu helfen, wo sie gebraucht werden. Das ist wahre Vernetzung: Sie erinnern die Menschen wieder an ihre alten Fähigkeiten und ermuntern sie, den Weg der allumfassenden Liebe zu gehen und sich mit anderen weiter zu verbinden. Das ist der Weg der Neuen Erde. Die Lemurier sind Verwandte der jetzigen menschlichen Rasse. Genau genommen sind es deine Ahnen. Die Genetik der plejadischen Rasse ist in jedem Menschen verankert.

Jetzt wird es spannend: Da die andere Familiengruppe der Plejadier, die „blauen Echsen", ebenfalls mit unserer Genetik verbunden ist, haben wir auch diese in uns. Der Untergang von Atlantis war mit dem Einfluss dieser Echsenfamilie verbunden. Sie boten den Atlantern an, ihnen zu neuen technischen Erfahrungen zu verhelfen. Sie brachten das Wissen und die Gerätschaften auf die Erde und stellten sie den Atlantern zur Verfügung. Es war wie ein geschäftliches Abkommen. Doch die Echsenfamilie hielt ihre Versprechungen nicht. Sie wiegelten sogar die einzelnen atlantischen Familien gegeneinander auf, sodass es zu kriegerischen Auseinandersetzungen kam. Dabei sorgten die Plejadier geschickt dafür, dass jede Atlanter-Familie glaubte, sie allein hätte die Unterstützung der Plejadier. So kam es, wie es kommen musste: Der Untergang von Atlantis war eingeleitet. Zuvor jedoch wurde das Reich von Lemuria von den Altantern und den plejadischen Anstiftern angegriffen und letztendlich durch schreckliche Versuche mit der Urkraft zum Untergang gebracht. Das Eiland zerbarst in viele Teile und ging unter. Das Gleiche geschah nach einer langen Zeit des Krieges zwischen den Menschen und den Plejadiern mit Atlantis. Wenn man genau hinschaut, könnte man es auch als einen „Bruderkrieg" zwischen den unterschiedlichen Plejadier-Familien bezeichnen.

Von der blauen Echsenfamilie der Plejadier haben im Laufe der

Zeit einige ihr Kleid gewechselt, das heißt, sie sind aus dem Kreislauf der Dualität ausgestiegen und haben sich ganz dem Licht zugewandt. Nun kann man sich vorstellen, dass sie ihre Taten heute anders sehen und sehr bestrebt sind, diese auszugleichen. Man könnte fast sagen, sie müssen dies ausgleichen, sonst ist es ihnen nicht möglich, weitere Schritte ins göttliche Licht zu tun. Damit will ich vermitteln, dass sie sehr bestrebt sind, den Menschen zu helfen. Einige von euch, die viele geistige Reisen machen oder auch aus dem Körper austreten, um die Welten zu erkunden, haben schon von den blauhäutigen Verwandten Besuch bekommen. Oft waren sie sicher erschrocken, so eine Gestalt zu sehen. Das resultiert auch daher, dass die Erinnerungen in jedem Menschen gespeichert sind. Die kriegerischen Auseinandersetzungen sind in jedem gegenwärtig. Nun ist es natürlich an der Zeit, auch das zu transformieren. All die kriegerischen Transaktionen auf und mit der Erde wollen in Frieden überwunden werden. Wenn du nun eines dieser Wesen auf deinen Reisen triffst, erschrick nicht, sondern frage es, was es von dir möchte. Vielleicht will es ja Gutes tun und helfen, dass die Menschheit wieder ganz in ihre Kraft kommt und sich bewusst wird, wer sie wirklich ist.

Andererseits kannst du vielleicht auch jemandem aus dieser Familie begegnen, der das Licht noch nicht als sein Ziel ansieht. Dann möchte er vielleicht dein Bestes: deine Energie. Darüber haben wir schon oft gesprochen; es gibt Wesenheiten, die sich von der menschlichen Energie nähren. Sie selbst haben vielleicht nicht die Möglichkeit, Liebe zu fühlen und suchen sie deshalb woanders. Oder sie nähren sich von den Ängsten. Du wirst schnell spüren, was von dir gewünscht ist. Dann weißt du sicher auch, wie du dich zu verhalten hast. Vergiss nicht: Du bist dein eigener Herr in deinem Energiefeld. Niemand kann dir etwas nehmen, wenn du es nicht willst. Vertrete deine Autorität, am besten geht das mit dem Höheren Selbst. Weißt du, geliebter Mensch, es geht hier nicht darum, erbost zu sein darüber, dass es jemand überhaupt wagt, dir etwas nehmen zu wollen. Es geht um die Erkenntnis, dass dies zum Spiel der Dualität gehört und dass es in diesem Sonnensystem und auch darüber hinaus Brüder und Schwestern gibt, die noch in diesem Spiel verhaftet sind. Vielleicht kannst du einem der „dunklen" Geschwister sogar helfen, das Licht als Ziel zu wählen. Wenn du weit auf deinem Weg bist, wird dein Herz die Führung übernehmen, und du schaffst es möglicherweise durch geistige Gespräche, dein Gegenüber von der Kraft des Lichtes zu überzeugen. Das ist auch die Aufgabe eines erwachten Menschen. Du siehst, es gibt viel zu tun. Eigentlich bist du immer im Dienst, das Licht der Schöpfung zu verbreiten!

Einige der blauhäutigen Geschwister kommen sogar aus der Zukunft, um hier zu dienen. Das geschieht, weil sie wirklich verstanden haben, dass sie ihre dunkle Ära ausgleichen müssen, um weitergehen zu können. Schau, selbst aus diesen Ebenen kommt viel Hilfe für die Erde. Lerne aus so einer Begegnung, dass du nicht mehr werten sollst. Sie haben ihre Erfahrungen gemacht, so wie auch du deine Erfahrungen gemacht hast. Nun sage ich dazu noch etwas, was dir vielleicht gar nicht gefällt. Aber ich wage es trotzdem: Vielleicht bist du einer dieser blauhäutigen Gefährten, der sich, um zu dienen, für diese Inkarnation ein menschliches Kleid gewählt hat? Du möchtest das ausgleichen, was auszugleichen ist. Das wagst du nicht zu denken? Warum? Werte nicht, sondern liebe dich für deine Kraft, deine Einsicht und deinen Mut. Da geht es auch um die Genetik. Stell dir vor, dass bei dieser Transformationen, diesem Prozess, in dem alle Menschen und die Erde sich jetzt befinden, das ausgeglichen und deshalb gelöscht wird, was durch unsere Ahnen in unseren Genen gespeichert wurde. Das ist wahre Heilung für alle. Denn was in der DNS gespeichert ist, unterliegt zum Teil der Dualität. Geehrt bist du, geliebtes Menschenwesen, dafür, dass du hier bist!

Ob du jetzt sehr eng mit den Plejadiern verbunden bist, ob deine genetischen Einflüsse sehr intensiv sind oder eher peripher, das ist letztlich nicht wichtig. Vielleicht haben ja andere Gene, zum Beispiel die der Venusier, dich stärker geprägt. Alle Menschen haben Prägungen und genetisches Material von fast allen Wesen, die die Erde besucht und hier Leben erschaffen haben. Zwei Rassen haben allerdings keinen genetischen Einfluss mehr auf die Menschen. Denn nach ihrem Wirken erfuhr die Erde eine komplette Umstrukturierung. Es war danach eine lange Zeit nicht möglich, hier zu leben. Aber alle anderen sind in deiner DNS verankert. Ich hoffe, das macht dir kein Kopfzerbrechen. Die wichtige Information ist: Du entscheidest selbst, welche Qualitäten du leben willst. Nach dieser Geschichte von den Plejaden ist dir sicher auch klar, dass in dir selbst Atlantis und Lemuria eng nebeneinanderliegen. Auch da entscheidest du, ob du das Kriegsverhalten und die

Machtkämpfe weiter in dir leben lassen willst oder ob du es vorziehst, die sanfte friedliche lemurische Lebensweise (siehe Band 1, *Das Erwachen*) in deinen Alltag zu nehmen. Du bestimmst, was mit dir geschieht, wie dein Leben aussehen soll, du bist jeden Tag neu der Gestalter, der Schöpfer deines Lebens.

Es sei noch erwähnt, dass besonders die Strukturen von Atlantis immer noch stark im Massenbewusstsein verankert und noch nicht umgewandelt sind. Das ist deutlich zu erkennen, wenn du die Weltpolitik betrachtest. Bald, wenn noch mehr Menschen erwacht sind, wird sich die Politik verändern, und dann steht der Neuen Erde nichts mehr im Wege. Sei du der Pionier, der trotz des Massenbewusstseins sein Leben eigenverantwortlich in die Hand nimmt. An deinen Farben wird man dich später erkennen.

Eine Übung für dich

Wenn du dich nun mehr mit diesen Themen befassen möchtest, kannst du die Schriften der alten westlichen Mystik erforschen oder in die Bücher der Veden oder der Upanishaden eintauchen. Dort sind diese Thesen ausführlicher beschrieben, obwohl einige auch voneinander abweichen. Du wirst in dir selbst fühlen, was für dich stimmig ist. Du kannst auch all diese Wesen, die dort beschrieben werden, persönlich einladen. Wenn sie deiner Einladung folgen wollen, erscheinen sie vor deinem inneren Auge. So bekommst du sicher noch zusätzliche Erkenntnisse oder surfst in deinen eigenen Erinnerungen.

Im Zuge dieser Forschungen möchtest du vielleicht auch gern herausfinden, woher du stammst, wer du bist. Sicher ist, dass du nicht ein einzelnes Wesen bist. Du bist Teil einer Gruppe, was auch beinhaltet, dass es höhere Anteile von dir gibt. Dein Höheres Selbst wartet in einem neutralen höheren Bereich der Erde auf dich. Aber wer ist dann das nächste Mitglied der Familie auf der Leiter der Entwicklung? Wo sitzt dieses Wesen? Auf einem erdnahen Planeten? In einem Raumschiff der Föderation? Oder bist du gar ein Mitglied der Heerscharen von Erzengel Gabriel oder Erzengel Michael? Wer weiß das? Wen kannst du fragen?

Wir wollen eine kleine Übung machen.

Schließe deine Augen und stell dir eine Wiese vor, so wie du dir den ganzen Tag etwas vorstellst. – Das tust du übrigens wirklich den ganzen Tag: Du stellst dir vor, wie dein Arbeitsweg sein wird, das schöne Essen mit deiner Freundin oder wie und wo du ein bisschen mit diesem Buch in einer stillen Ecke abtauchen kannst. Du imaginierst ständig. Nebenbei bemerkt sollte jeder Mensch sich selbst einmal beobachten, was er ständig imaginiert. Das könnte nämlich Wirklichkeit werden. – Du stehst nun auf einer Wiese und schaust dich ein wenig um. Du betrachtest dich selbst dort und tastest vielleicht sogar mit deinen geistigen Händen deinen geistigen Körper ab. Das unterstützt die Vorstellungskraft. Wenn du alles gut siehst und/oder fühlst, bittest du einen deiner höheren Anteile außerhalb des Erdenspielplanes, er möge zu dir kommen. Es kann einen Moment dauern, weil du vielleicht auch ein bisschen aufgeregt bist. Dann wirst du wahrscheinlich erst schemenhaft die Umrisse einer Gestalt erkennen. Bitte sie, sich deutlicher zu manifestieren. Wie es nun weiter geht, liegt in deinem Ermessen. Lass dich begrüßen, wenn du magst, und beginne eine Unterhaltung, wenn es für dich passend ist. Frage diese Wesenheit, wer er/sie ist, woher er/sie kommt und wie ihr zueinander in Verbindung steht. Das ist eine spannende Erfahrung. Sie wird dir vieles erklären, zum Beispiel, warum du manchmal Eigenschaften, Sehnsüchte und Vorlieben an dir entdeckst, die dir unverständlich sind. Beende die Begegnung, wenn du es für richtig hältst.

Vielleicht hast du auch Spaß daran, das Siebengestirn der Plejaden zu erkunden? Mit deinen jetzigen Möglichkeiten könntest du sie sogar bereisen. Menschenähnliches Leben liegt in der fünftdimensionalen Ebene.

Barbaras persönliche Erfahrungen

Ich habe vor einigen Jahren intensive Begegnungen mit den Plejadiern gehabt. Das begann, als ich zum ersten Mal von Kryon von den Plejaden und vom Mount Shasta hörte. Das Innere der Erde hat mich immer sehr fasziniert. Die Plejadier sind sehr hilfsbereit bei allen technischen und politischen Fragen. Es lohnt sich wirklich, mit ihnen Kontakt aufzunehmen. Aber aufgepasst, es kann sein, dass die nicht so lichtvolle Welt versucht, dabei einen weiteren Fuß in die Tür zu setzen. Das lässt sich regeln, indem man solche Wesen des Platzes verweist. Auf keinen Fall sollte man sich auf Gespräche einlassen und Angebote annehmen, ihr Raumschiff zu besuchen. Es sind in uns noch immer Anteile, die sich gern noch mal in die andere Richtung ziehen lassen. Wir haben noch nicht alle unsere Schattenanteile integriert, sie wirken noch. Aber wenn man sie mit ganz viel Liebe erfüllt, beziehungsweise sie mit den Augen der Liebe betrachtet, kann nichts schiefgehen. Da bin ich ganz sicher.

5

Das Netz der Wale und Delfine

Geht es dir auch so: Wenn du das Bild eines Wales oder eines Delfins siehst, fühlst du dich sehr mit ihnen verbunden? Das ist kein Wunder, denn diese herrlichen Wesen sind seit langer Zeit auf der Erde, sie sind ein wichtiges Mitglied der Erdenfamilie. Ohne sie wäre so mancher evolutionäre Schritt nicht so reibungslos verlaufen. Sie spenden viel von ihrer hohen Energie für die Entwicklung der Erde, und sie sind mit vielen Codes in ihrer Genetik bestückt, um die Balance der Erde zu unterstützen. Das ist eine spannende Geschichte und die will ich dir erzählen: Es gab eine Zeit, in der die Wesenheiten von Sirius B, einem Stern eines Nachbarsonnensystems, auf die Erde kamen. Wenn du an den nächtlichen Sternenhimmel schaust, kannst du ihn sehen. Er ist in Nordeuropa im Winter besonders gut zu erkennen. Diese Geschichte ist eine Herzensgeschichte, vielleicht magst du dich zurücklehnen und sie aus deinem Herzen heraus fühlen. Die Sirianer sehen im Äußeren wie Fische aus. Die Fische und Meeressäuger, die hier in den Meeren leben, sind die Nachkommen der Sirianer. Bei ihren Besuchen hinterließen sie der Erde ihr Wissen und ihre Genetik. Seit einigen Tausend Jahren sind ihre Besuche, es sind eher Stippvisiten, selten geworden, was nicht bedeutet, sie hätten keinen Kontakt mehr zu Erde und ihren Bewohnern! Sie haben in verschiedenen Bereichen der Erde Landebasen. Sie kommen in einem regelmäßigen Turnus – meist im Winter –, um hier bestimmte wissenschaftliche Untersuchungen durchzuführen, die mit der Erde selbst und insbesondere mit den Meeren zu tun haben. Sie beobachten die Entwicklung und auch den besonderen Weg, den die Erde jetzt geht. Sie sind wie große Geschwister, die liebevoll nach dem Rechten sehen wollen. Ihre eigentlichen grundlegenden Maßnahmen hier auf der Erde erfolgten bereits vor langer Zeit. Sie lebten hier mit einem größeren Trupp in den Meeren, waren aber auch in der Lage, mit ihrem Lichtkörper das Land zu betreten. Damals hatte die Erde noch eine höhere Schwingung.

Die Sirianer sind sehr weit entwickelte Wesen. Sie haben hier viele antike Bauwerke hinterlassen. Das Grundsystem der Pyramiden ist ihr Werk, ebenso die Sphinx. Insgesamt 33 Pyramiden bilden ein Netzwerk. Sie sind auf der Erde nach einem bestimmten System verteilt und alle miteinander verbunden. Sie wirken wie Transformatoren und können eine bestimmte Energiefrequenz erzeugen und aufrechterhalten. Sie umspannen damit die gesamte Erde. Diese Energie ist konzentrierte Urenergie, die es unter anderem möglich macht, die Erde und ihre Bewohner mit aller Energie zu versorgen, die sie brauchen.

Auch die Gäste von Sirius nutzten sie. Sie waren ebenfalls an der Spezies „Mensch" beteiligt und gaben ihre Genetik hinzu. Sie verbanden sich natürlich auch mit den Menschen, die hier lebten, und legten damit den Grundstein für eine weitere Rasse. Die Sirianer sind nicht nur technisch hoch entwickelte Wesen, sie haben auch ihr Herz weit geöffnet. Ihre Spezialität ist es, durch ihre umfassende Kenntnis der göttlichen Geometrie Vernetzungsarbeit zu leisten. Sie sind hervorragende Diplomaten und in dieser Galaxie für ihre große Herzlichkeit bekannt. Neben den großen Pyramiden, von denen nicht alle auf der Erdoberfläche sind, gehören die Wale und Delfine zum Erbe der Sirianer. Seit Urzeiten halten sie diesen Planeten liebevoll mit ihrer Energie in einer bestimmten harmonischen Frequenz.

Schon seit einigen Jahren fungieren die Pyramiden nicht mehr als Netzwerk, weil die Erde nun einen anderen Weg einschlägt. Jahrtausendelang waren sie untereinander und außerdem mit einer Station auf Sirius B verbunden, die interdimensionale Funktionen hat und mit anderen Systemen vernetzt ist. Die hohen Schwingungsfrequenzen und die Netzqualität erzeugen die Pyramiden hauptsächlich durch ihre Form. Diese hohen Energien wurden von vielen Völkern auch für Einweihungen und Rituale genutzt und um in höhere Dimensionen zu gelangen. Die Pyramiden sind demnach auch ein Dimensionstor.

Wer schon einmal die Pyramiden in Ägypten besucht hat, wird dies sicher gespürt haben, besonders in der Grabkammer der Cheopspyramide. Das gilt auch für einige Pyramiden in Südamerika, China, Europa, Neuseeland etc. Die unter Wasser liegenden Pyramiden sind nur teilweise erreichbar oder unentdeckt. Umgekehrt sind nicht alle Pyramiden, die man im Laufe der Zeit entdeckt hat, in diesem Netz verwoben. Viele wurden nachgebaut, weil man um die Kraft dieser Form wusste. Sie fungieren als heilige Tempel, als Grabstätten oder als Schatzkammern ihrer Erbauer.

Die Pyramiden der Sirianer sind deshalb nicht mehr im Dienst, weil die Erde auf ihrem neuen Weg in die höhere Ebene der fünften Dimension wechselt und dabei ihre Frequenzen verändert. Die Verankerungen, die die Erde hier festhielten, sind gelöst. Wir danken den Sirianern für ihren Dienst. Durch ihre geometrische Ausrichtung behalten die Pyramiden trotzdem weiterhin ihre Funktion als Dimensionstor.

Die Wale und Delfine erleben zurzeit ebenfalls einen großen Wandel. Viele von ihren nehmen intensiv Kontakt zu den Menschen auf. Das tun sie nicht nur, wenn die Menschen zu ihnen ins Wasser kommen. Sie sind durch einen inneren Code mit den Menschen verbunden, die sich bereiterklärt haben, bestimmte Aufgaben zu übernehmen. Dieser Code lässt die Menschen erwachen. Sie verspüren dann eine starke emotionale Verbundenheit und großes Interesse für diese interessanten Wasserbewohner. Die erwachten Menschen spüren, was ihr Dienst auf der Erde ist und fühlen sich zu bestimmten Aktivitäten hingezogen. Das kann zum Beispiel eine Reise zu einem Ort oder einer Stätte sein, wo irgendwelche Verankerungen oder Toröffnungen geschehen. Der Code, der in diesen Menschen schlummert, hat Verbindung zu anderen Codes, die einst von hohen Weisen an bestimmten Stellen in der Erde verankert wurden und nun geöffnet werden sollen.

Letztlich ist es so, dass in jedem Menschen ein Code verankert ist. Wird er aktiviert, erwacht der Mensch. Allerdings haben nicht alle von euch Aufgaben, die ganz gezielt der Erde beim Aufstieg helfen sollen. Die meisten von euch tun ihren Dienst im Alltag. Menschen mit besonderen Aufgaben führen ein sehr spontanes Leben. Sie reisen ohne ein festes Zuhause um die Welt. Sie horchen in sich hinein, was zu tun ist, und begeben sich auf den Weg zu bestimmten Plätzen. Dies ist nicht immer ein ganz einfacher Dienst. Verstehe dies so, dass alle Menschen, die jetzt hier als Pioniere unterwegs sind, sich vor langer Zeit bereiterklärt haben, wieder hier zu sein, wenn die Erde ihren neuen Weg beschreitet.

Da bist du nun, und dein Dienst mag sein, für spektakuläre Schritte zur Unterstützung der Erde um die Welt zu reisen oder ganz einfach im Alltag dein Licht einzusetzen. Beides ist geehrt und geliebt. Das ist der Grund, warum ich so voller Liebe für die Menschen bin. Ihr habt noch einmal den Mantel des Vergessens angezogen, um der Erde zu helfen, sich neu auszurichten. Ein großes Dankeschön an alle, die das lesen. Ihr seid wahrlich die Pioniere des Lichts.

Welches ist nun der besondere Code, den die Wale und Delfine in ihrem Inneren tragen? Man könnte sagen: Das Herz der Erde ist in ihren genetischen Prägungen verankert. Sie tragen das Wissen und die Schwingung des kristallinen Kerns der Erde in sich. Dieser Kern ruht in der Mitte der Erde in einer fünfdimensionalen Schwingung. Es ist die Energie von Vater/Mutter-GOTT. Die Wale und Delfine sind genau auf diesen Kern justiert und verteilen seine kristalline Energie über den ganzen Erdball. Wenn du ein wenig recherchierst, wirst du feststellen, dass Wale und Delfine bestimmte Lieblingsplätze haben. Dies sind Gegenden von hoher Energie und mit unterirdischen Pyramiden verbunden. Es ist wahrlich ein herrliches Netz hoher Energie, die diese Wesen in sich tragen und für die Erde und ihre Bewohner aufrechterhalten.

Ihre besondere Aufgabe in dieser außergewöhnlichen Zeit ist es, die Menschen in dieses Gitter einzuweben. Es sei noch bemerkt, dass das kristalline Gitter der Wale und Delfine mit dem kristallinen Gitternetz der Christusenergie verbunden ist. Des Weiteren gibt es eine Verbindung zum Erdmagnetgitter. Dieses wird allerdings immer schwächer, weil die höher schwingenden kristallinen Funktionen sich mit denen des Magnetgitters verbinden und sie überlagern. Das ist so zu verstehen, dass höhere Frequenzen die Funktionen des Magnetgitters übernehmen, denn die Schwingung des Planeten erhöht sich. Das alles ist ein komplexes multidimensionales Funktionssystem, passend zum neuen Weg der Erde. Die Wale und Delfine haben viel zu tun. Sie arbeiten mit Menschen, auch wenn diese nicht im Wasser oder in der Nähe des Wassers sind. Das ist wirklich eine multidimensionale Vernetzung.

Dass die Wale und Delfine in jüngerer Zeit vermehrt stranden, liegt nicht etwa an Störungen in ihrem Ortungs- und Orientierungssinn. Diese Wesen sind wirklich hochintelligent und lassen sich nicht von irgendwelchen Sonaraktionen irritieren. Ihre Strandungen sind eine bewusste Mahnung an die Menschen, achtsamer mit der Erde umzugehen. Sie wollen auf Überfischung, Ölkatastrophen, unterirdische Atomversuche und Ähnliches aufmerksam machen. Wir hoffen sicher alle, dass durch die vielen erwachten Menschen neue Wege gefunden werden, achtsamer mit den Meeren umzugehen. Erste Anzeichen sind schon erkennbar. Es gibt einige gute Einsichten bezüglich der Fischerei und der Abfall- und Abwasserbeseitigung. Wir sind auch sicher, dass der Einsatz von Atomenergie bald ganz anders gesehen wird und dass neue Abrüstungsverhandlungen bevorstehen. All das hat mit der Veränderung des Massenbewusstseins zu tun. Ich kann es nicht oft genug betonen: Wenn eine bestimmte Anzahl von Menschen erwacht ist, verändert sich das Massenbewusstsein und die ökologischen neuen Schritte erfolgen selbstverständlich.

Jetzt wollen wir eine kleine Reise unternehmen und einen Wal besuchen. Mache es dir bequem, atme ein paar Mal tief durch und halte meine Hand. Ich entführe dich zu einem Platz in der Arktis. Dort ist gerade ein Schwarm Belugawale unterwegs, die sich der Weite und der Freiheit ihres Lebens erfreuen. Lass deine Gedanken los und gehe ganz ins Gefühl. Wir tauchen ins Wasser, und ich führe dich direkt zu einem Muttertier, das vor einiger Zeit ein Junges geboren hat. Sie hat eine besonders hohe weibliche Schwingung. Spüre, wie ich dich ganz an sie heranleite. Wir sind an ihrem Gesicht und du kannst jetzt durch ihr warmes, großes, weites Auge Kontakt zu ihr aufnehmen. Tauche ein in diese wundervolle Energie der Wale. Denn: Bist du mit einem Wal verbunden, bist du es eigentlich mit allen. Ich lasse dich jetzt allein, du wirst wissen, was dort zu tun ist. Ich wünsche dir viel Freude.

Übrigens: Die Töne, die Wale aussenden, dienen der Vernetzung. Das hast du dir sicher schon gedacht, nicht wahr? Die Tiere können so jederzeit einen Rapport zu allen anderen Walen senden. Gleichzeitig sind sie mit ihrem Mutterplaneten vernetzt. So können die Sirianer auch aus der Ferne gewisse Frequenzen verändern oder erweitern, wenn dies der Stabilität der Erde in ihrem Wandlungsprozess dient.

Die Pyramiden schlafen jetzt, sie haben ihren Dienst beendet. Die Wale und Delfine vollziehen ihn weiterhin. Sie verweilen hier noch einige Zeit. Aber irgendwann werden die meisten von ihnen gehen und anderen Artgenossen den Platz frei machen. Denn alles verändert sich auf der Erde, auch die Lebewesen, die sie bevölkern.

Eine Übung für dich

Wenn du einmal einem Wal oder einem Delfin direkt begegnen solltest, ist das eine wunderbare Möglichkeit, ihre hohe Energie ganzheitlich zu spüren. Viele Menschen berichten, es sei eine außergewöhnliche Erfahrung, die man nie vergisst.

Diese Erfahrung kannst du immer wieder spüren, auch wenn das eigentliche Erlebnis auf der Erdenebene als Vergangenheit gilt. Du kannst dich ganz nach Bedarf in diese Begegnung einklinken. Das ist ein Schritt in die wahre Interdimensionalität. Du brichst das Gebot von Zeit und Raum und klinkst dich in eine Begegnung ein, die schon gewesen ist. Du gehst zurück im Zeitrahmen. Das geht ganz einfach: Du suchst dir einen ruhigen Platz, atmest ein paar Mal tief durch und klinkst dich mit deiner reinen Absicht wieder in die Begegnung ein. Probiere es aus. Du wirst erstaunt sein, wie wirklich es sich anfühlt. Und das Verrückte dabei ist: Es ist die wahre Wirklichkeit.

Weißt du, eigentlich bist du auch ein Wal oder ein Delfin. Denn diese genetischen Verbindungen sind auch in dir gespeichert. Lediglich dein äußeres Kleid ist im Moment ein anderes. Wäre es vielleicht möglich, dass sich ein anderer Teil von dir jetzt in diesem Moment im Nordmeer tummelt und voller Lust ein paar Riesensprünge macht? Ist das unvorstellbar? Du bist doch ein Seelenaspekt, der hier inkarniert und Erfahrungen macht. Vielleicht ist ein anderer Teil deiner Seele oder jemand aus deiner Gruppenseele als Wal auf der Erde? Überzeuge dich gern, besuche eines deiner Geschwister und frage es, ob ihr verwandt oder sogar eins seid. Ich höre schon Delfingelächter. Hast du schon einmal einen Delfin lachen gehört? Er lacht für sein Leben gern.

Barbaras persönliche Erfahrung

Ich erzähle es immer wieder gern: Ich habe durch eine Freundin einmal eine Sitzung auf einem Monochord genossen, einem Musikinstrument. Man liegt auf einer Liege, auf deren Unterseite dieses Instrument installiert ist. Oder man hat eines auf dem Körper liegen. Während dieser Sitzung wurde ich außerdem von meiner Freundin besungen. Dieses Besingen brachte mich mit den Delfinen in Verbindung. Ich habe in dem Gesang Delfine mitsingen gehört und spürte auch gleich, dass sie bei dieser Sitzung dabei waren. Ich habe vier von ihnen vor meinem inneren Auge gesehen. Sie lächelten mich an und ermutigten mich, auch zu singen. Ich hatte nicht das Bedürfnis zu singen, aber ich wollte gern tönen. Ich habe dann mithilfe der Delfine in wenigen Minuten meinen eigenen Ton gefunden. Dieser Ton, wurde mir von ihnen erklärt, symbolisiere meine Grundschwingung. Je lauter ich diesen Ton sang, desto wohler fühlte ich mich in meinem Körper. Ich konnte gar nicht aufhören, diesen Ton zu summen und das herrliche Gefühl zu genießen. Die Delfine waren begeistert und rieten mir, dies oft für mich selbst zu tun, gerade wenn ich viel arbeite und viel in den Channelings bin. Das würde meinen Zellen gut tun. Sie bekommen sozusagen die Urinformation, das göttlich Heile und Ganze, vermittelt, die Informationen der Stammzelle. Ich vergesse manchmal zu tönen, aber immer wenn ich es tue, erfüllt mich ein tiefer Frieden. Und wenn ich den richtigen Ton getroffen habe, spüre ich die lächelnden Delfine neben mir.

In einer geführte Meditation hatte ich einmal eine Begegnung mit einem Wal. Ich sollte an einem Strand ausruhen. Auf einmal hatte ich das Bedürfnis, ins Wasser zu gehen. Ich schwamm weit hinaus und plötzlich schwamm neben mir ein Wal. Er schaute mich aus seinem großen Auge liebevoll an und vermittelte mir, ich sollte mich auf ihn legen. Das tat ich und dann schwamm er ein Stückchen mit mir. Es war ein schönes Gefühl. Seine Haut fühlte sich so weich und warm an. Es war eine innigliche Verbindung zu ihm entstanden. Ich bin dann irgendwie in Trance geraten und ich kann mich nicht mehr an alles erinnern. Ich weiß nur noch, dass wir auch abgetaucht sind und er mir eine Stadt im tiefen Wasser gezeigt hat und mir vermittelte, dass hier Wesen von seinem Planeten seien. Ich bin dort sehr nett empfangen worden. Noch Stunden danach spürte ich eine ganz enge Verbindung zu dem Wal. Manchmal verbinde ich mich kurz mit ihm, einfach so. Ich sehe dann das vertraute, unendlich liebevolle Auge, das mir vermitteln will: Glaube das, was du erlebt hast. Es ist wahr. Wir sind auch deine Familie, zweifle nicht. Das ist leider manchmal nicht ganz einfach, wenn der niedere Verstand sich einmischt.

6

Unsere venusischen Nachbarn

Die Venusier stehen in dem Ruf, die Spezialisten in Herzenssachen zu sein. Damit will ich nicht sagen, dass sie große Partnerschaftsspezialisten sind. Das eine bedingt nicht unbedingt das andere. Das wissen die Menschen selbst am besten. Denn wer kennt das nicht: Man ist voller Gefühl für einen anderen Menschen, und trotzdem ist es nicht einfach, diese Partnerschaft zu leben. Immer ist das Gefühl der Angst dabei. Die Angst, verlassen zu werden; die Angst, nicht gut genug zu sein, nicht erfüllen zu können, was der Partner vielleicht erwartet. Eine Verbindung zweier Menschen ist selten ganz frei von alten Emotionen und das ist das Problem. Wären diese alten Prägungen nicht da, könnte wahre Liebe frei fließen.

Die lieben Venusier sind gern Berater in Sachen „Partnerschaft". Ihre eigentliche Mission ist es aber, die göttliche Herzensenergie in alles hineinfließen zu lassen, den Kanal zur göttlichen Energie freizulegen und die Menschen oder andere

Wesen innerhalb dieses Liebesstromes untereinander zu verbinden, damit sie in Frieden miteinander leben können. Sie sind außerdem die großen Kunstliebhaber dieses Sonnensystems. Sie schätzen die Musik außerordentlich und lieben alles, was mit der Natur zu tun hat. Sie formen gern die göttliche Energie, indem sie diese in alles Künstlerische einfließen lassen. Die größten Maler der Erde sind Venusier. „Sind denn auch jetzt Venusier hier auf der Erde?", fragst du vielleicht. Aber natürlich, sie gehörten zu den großen Samenspendern auf diesem Planeten. Außerdem sandten sie uns den großen Sanat Kumara und andere Kumaras, die Erde und Menschheit immer noch in Liebe von der herrlichen lichtvollen Stadt Shamballa betreuen. Auch ihre Aufgabe wird sich entsprechend der Veränderungen auf der Erde wandeln. Aber noch walten sie ihres Amtes und unterstützen jeden Menschen, der erwacht. Sie sind immer bereit, ihn als Gast in ihren heiligen Hallen zu empfangen. Weißt du, früher war es nur wenigen Menschen vorbehalten, bei ihren geistigen Reisen in Shamballa eintreten zu dürfen. Es war eine große Ehre und geschah nur zu besonderen Anlässen. Nun hat sich ja alles geändert, wie du weißt, und die Hüter von Shamballa freuen sich, jedem Menschen, der es möchte, den Weg zu ebnen, ihn zu lenken und in den Aufstieg hineinzuführen.

Die Venusier sind schon seit sehr langer Zeit auf der Erde. Da die Erde früher fein schwingender war, war es ihnen leicht möglich, hier zu verweilen. Sie leben nämlich auf ihrem Heimatplaneten in einer höheren Schwingung. Sie sind in der fünften Dimension und daher mit den bisher üblichen Messmethoden für Wissenschaftler nicht erkennbar. Die Venusier begaben sich von allen Nachbarn als letzte in den Erdbereich, um ihren Samen hier mit einzubringen. Sie stellten fest, dass die Liebe wieder intensiver auf diese Erde kommen muss. Die allumfallende Liebe ist der Schlüssel für die Weiterentwicklung eines jeden Menschen. Die Liebe ist der ausgleichende Faktor zur Dualität. Wenn die göttliche große Liebesschwingung in den Menschen hineinströmt, denkt und fühlt er immer ganzheitlicher. Sie harmonisiert seine Anteile. Ich will damit sagen, dass der Aufstieg der Menschheit nicht nur etwas Physikalisches ist, und dass es in diesem Prozess nicht darum geht, viele Bücher zu lesen und Seminare zu besuchen oder sich intensiv mit quantenphysikalischen Dingen zu beschäftigen, um dort den Schlüssel zu finden. Ohne die Herzensöffnung geht die eigene Entwicklung nicht weiter. Das Herz, auch das physische, hat vor langer Zeit eine Veränderung erfahren. Auf der höheren Ebene deines Seins wurden Membranen um das Herz gelegt. Dadurch wurde es schwerer zugänglich und du konntest dich nicht mehr daran erinnern, wer du wirklich bist. Diese Maßnahme ließ dich glauben, dass du *nur* ein Mensch bist. Du hattest keinen Zugang zu deinem höheren Wissen und zu deinen höheren Anteilen.

Die Membranen um das Höhere Herz sind nun nicht mehr nötig, denn das Programm ist verändert. Die allumfassende Liebe, die Schwingung der Göttlichkeit, will nun wieder ganz die Führung übernehmen. Das ist der übergeordnete Prozess, in dem du dich befindest. Simultan dazu werden auch andere körperliche Systeme in dir umgearbeitet. Du wirst wieder verändert, deine Schwingungen werden denen deiner höheren Anteile angepasst, und das ist nicht nur ein technischer Prozess. Die Schwingungen, in die du eingegliedert wirst, sind der höchsten Göttlichkeit näher. Du bist zwar nach diesem Umwandlungsprozess nicht sofort in den höchsten Dimensionen, aber du hast einen Schlüssel in der Hand, mit dem du den Weg in die fünfte Dimension und weiter leichter gehen kannst. Dir stehen viele Möglichkeiten offen, aber sei dir sicher, alle diese Schritte sind auch mit Erkenntnissen verbunden. Dies ist ebenfalls ein Prozess. Es ist ein langer Prozess, bis du wieder im Schoß der Einheit bist, eingewoben in Alles-was-Ist. Ich kann dir versichern: Dieser jetzige Schritt in die fünftdimensionale Ebene ist der schwerste. Das andere ist schon allein deshalb leichter, weil die Daseinsbedingungen einfacher sind. Hier bist du noch in deinem Schmerz gebunden oder in dem anderer, der durch das Massenbewusstsein zu dir kommt. Ich möchte hinzufügen, dass wir hier auf der anderen Seite wirklich mit großer Achtung zu euch schauen. Wer geht schon freiwillig wieder zurück in die dualistische Lebensweise? Wer geht zurück, um vielleicht eine schwere Krankheit durchzustehen? Viele von euch Erwachten haben in diesem Leben schon Einiges erlebt, das sehr schmerzlich war, sei es eine Krankheit, große Verluste in der Familie oder schwere menschliche Enttäuschungen. Wer das auf sich nimmt, der muss eine der ganz alten Seelen sein, die viel zusammengetragen haben für diese vielleicht letzte Erfahrung auf der Erde. Nun wollen sie alles transformieren, was im Laufe der vielen Inkarnationen angesammelt wurde. Nun ist die Zeit des Entlassens da, damit das Herz wieder ganz offen wird.

Wir wollen gleich einem der Venusier begegnen, denn sie sind auch Spezialisten darin, die alten Muster im Menschen zu kappen, sie zu entlassen oder zu integrieren. Wie schon oft gesagt, ist es in dieser Phase der Transformation viel leichter, Altes zu entlassen, als noch vor zwanzig Jahren. Der Energiepegel ist höher und die Goldene Welle tut ihren Dienst, indem sie alles nach oben holt und beleuchtet sowie gegebenenfalls transformiert, was dem Aufstieg im Wege steht. Das gilt für die Erde und für den Menschen. Die Venusier haben eine große Truppe im ätherischen Bereich, die sich darauf spezialisiert hat, den Menschen bei diesem Prozess zu helfen. Wie bei allen Hilfen ist es sinnvoll, wenn du diese Hilfe unterstützt, indem du zu den Helfern Kontakt aufnimmst und um diese Hilfe bittest. Der Dienst der Venusier geschieht allerdings oft unmerklich. Ab einem bestimmten Stadium des Erwachens sind sie automatisch da, um ihren Dienst zu tun, und du bemerkst es gar nicht.

Ich möchte dich nun bitten, eine Hand auf dein Herz zu legen. Spüre einen Moment in dein Herz hinein und achte darauf, wie sich etwas verändert. Durch dich strömt ja immer mehr göttliche Energie, die leitest du durch das Handauflegen verstärkt in dein Herz hinein. Das kannst du übrigens auch gern einmal bei ande-

ren probieren, besonders wenn jemand emotionale Herzschmerzen hat. Das Handauflegen hilft, den Schmerz „durchlaufen" zu lassen. Er gerät nicht ins Stocken, kann leichter geklärt werden und die mit ihm verbundenen Muster lösen sich einfacher auf. Nimm tiefe Verbindung zu deinem Herzen auf. Nun lass mich dich an die Hand nehmen. Wir werden eine Reise nach Shamballa unternehmen. Du bist so weit, dass man dich dort empfängt. Im Physischen ist diese Reise mit räumlichen Entfernungen verbunden, die überwunden werden müssen. Aber wenn wir reisen, geschieht dies anders. Wir sind sofort da. Damit es für deinen Verstand leichter wird, werde ich diese Reise so gestalten, dass du siehst, wie wir dort hingelangen. Wir erheben uns und gleiten nach oben, sodass du dein Zuhause von oben siehst. Dann gehen wir noch ein bisschen höher und reisen zur Würste Gobi. Dabei überqueren wir einige Gebiete, die dir gut bekannt sind. Dort angekommen, verändern wir unsere Schwingung und sehen, wie sich aus den Nebeln eine wundervolle Stadt manifestiert. Dies ist die sagenumwobene Stadt Shamballa. Bist du bereit für diesen besonderen Besuch? Nun gut, dann visieren wir die Eingangspforte der Stadt an und siehe, sie öffnet sich. Wir werden schon erwartet. Wir treten ein und werden dort sehr liebevoll begrüßt. Ich lasse dich jetzt los, um dir die Möglichkeit zu geben, diesen Besuch individuell zu genießen. Ich warte hier an der Pforte.

Sich mit dem Öffnen des eigenen Herzens zu befassen ist nicht ganz einfach. Denn dich prägen, wie alle Menschen, sehr viele schmerzliche Erfahrungen und Haltungen, die zum Teil aus ganz alter Zeit stammen. Gerade die besonders intensiven liegen oft sehr tief und du hast starke Schutzwälle um sie gelegt, damit du nicht weiter verletzt wirst. Es ist jetzt die Zeit, mutig zu sein, in die tiefsten Tiefen des eigenen Selbst zu steigen und nachzuforschen, wo noch alte Muster und Schmerzen liegen. Das geht am besten, wenn du dir dein Leben anschaust und alle Sorgen, Schmerzen, Ängste und Blockaden ansiehst. Sei dabei ganz ehrlich mit dir selbst. Wo bist du nicht im Fluss? Wo stagnierst du? Welche Sorgen sind in dein Leben getreten und warum? Ich darf dir versichern, du hast schon viel geschafft. Oft ist dir dies gar nicht bewusst. Denn du bist schon lange auf dem Weg. Die Venusier und andere Nachbarn haben bereits an dir gearbeitet. Das geschah in anderen Leben, weil du vielleicht ein Mönch, eine Nonne, eine Einsiedlerin, die die Natur erforschte, oder ein Sternenbeobachter warst und dich mit dir selbst und dem Universum bereits beschäftigst hast. In diesem Leben ist seit der Harmonischen Konvergenz von 1987 alles anders geworden, und die Codes in dir, die deine Interdimensionalität verdecken, werden immer weiter entschlüsselt. Das geschieht fast automatisch durch die hohe Energie. Du bist nun schon seit Jahren auf dem Weg. Zum Teil ist dir dies vielleicht gar nicht bewusst. Deshalb schüttelst du vielleicht den Kopf und sagst: „Ich habe erst zwei spirituelle Bücher gelesen und bin durch Zufall im Internet auf Kryon gestoßen." Es gibt keine Zufälle, das darf ich dir versichern. Du bist schon lange auf dem Weg, nur merkst du es erst jetzt.

Du bist jetzt, wie viele andere Menschen und die Erde auch,

in der Endphase des Wandels, der allerdings noch einige Zeit in Anspruch nehmen wird. Die Venusier unterstützen euch darin auf ganz spezielle Art, indem sie nämlich Erfahrungen einleiten und sogenannte „Zufälle" kreieren, die euch die Möglichkeit geben, eure partnerschaftlichen Themen zu beleuchten und euch mit der eigenen Sexualität zu beschäftigen. Die Sexualität schauen wir in einem anderen Kapitel näher an. Wenn du in Kontakt mit den Venusiern bist, kannst du alle Themen dieser Art beleuchten und mit ihnen besprechen. Sie helfen dir gern, Klarheit zu gewinnen. Sexualität wird eines der wichtigsten Themen sein, mit denen die Menschheit sich jetzt beschäftigen muss, weil darin auch die größten Missverständnisse enthalten sind. Außerdem ist sie ein beliebtes Spielzeug der Macht. Es ist an der Zeit, dies zu beenden und die göttliche Energie fließen zu lassen. Sexualität ist der Kontakt zur Göttlichkeit, zur Nullenergie, zur Schöpferkraft und ein Übergang zu anderen Dimensionen.

Da du dein Bewusstsein schon erweitert hast, bist du bereits in den Bereich der Venusier vorgedrungen. Sie sind in deinem Feld für dich sicht- und fühlbar. Du hast dich schon für ihre Energien geöffnet. Deshalb bist du quasi neben ihnen, sie sind immer da und ohne Probleme für dich erreichbar. Es sei noch erwähnt, dass du ihnen sowieso sehr nahe bist, steckt doch ihr Erbgut in deiner DNS. Sie sind also deine Geschwister vom Nachbarplaneten, die jetzt gern ihre Hand ausstrecken, um dich zu unterstützen. Sie symbolisieren auch die Vereinigung von Männlichkeit und Weiblichkeit. Die wahre allumfassende Liebe kann nur in ihrer Ganzheit erfahren werden, wenn das Männliche und das Weibliche in jedem Menschen vereint sind. Dann ist der Mensch nicht mehr im Gefühl der Trennung und muss nicht mehr im Außen nach seinem verlorenen Anteil suchen. Viel Freude mit den Venusiern!

Eine Übung für dich

Wenn du gern ganz gezielt mit der weiblichen Energie arbeiten möchtest, bietet eine Venusierin an, dir behilflich zu sein. Es ist Nataria, die eng mit der plejadischen Energie von Kwan Yin zusammenarbeitet. Diese Wesenheit ist dir vielleicht besser bekannt. Ihr Pendant im christlichen Bereich ist Maria. Beide sind Aufgestiegene Meisterinnen. Wenn du diese Begegnung gleich unter ein bestimmtes Thema stellen möchtest, dann lehne dich zurück und fühle, welches Muster, welche Blockade jetzt in dir hochkommt. Werde dir dessen bewusst. Dann wollen wir Nataria besuchen. Sie weilt in den Bereichen des Himalaja, obwohl das auch nicht ganz stimmt, denn sie ist eigentlich überall. Ich nehme wieder deine Hand und lenke dich, oder möchtest du es einmal allein versuchen? Konzentriere dich auf die Energie von Nataria. Wenn du nun sagst: „Ich weiß gar nicht, wie sie aussieht", vermittle ich dir: „Du weißt es sehr wohl, du hast es immer gewusst". Aber wir können gern ein kleines Hilfsmittel nutzen. Stell dir dazu eine Wiese vor. Du stehst auf dieser Wiese, es ist ein herrlicher

Sommertag. Schaue an dir selbst herunter und stelle fest, welche Kleidung du trägst und wie du aussiehst. Nimm dich selbst ganz wahr. Dann weite deinen Blick und schau dir die Wiese an. Wie sieht sie aus, was ist auf der Wiese? Dann bemerke, dass sich dort eine Gestalt manifestiert. Es ist Nataria. Sie strahlt diese herrlich liebliche venusische Energie aus. Kannst du sie fühlen? Eine Begegnung mit Nataria ist eine Gefühlsbegegnung. Sie entwickelt sich aus der Herzensebene heraus. Du wirst jetzt auch spüren, dass Nataria gezielt eine Verbindung zu deinem höheren Herzen sucht. Das wird dich sehr berühren. Vielleicht kommen sogar ein paar Tränen. Nun lass dich ganz auf diese Begegnung ein und erzähle von deinem Thema. Sie wird es gemeinsam mit dir beleuchten und du wirst der Transformation dieses Themas näherkommen.

Wenn du dich mit der heiligen Wissenschaft der Astrologie beschäftigen möchtest, dann will ich dich gern führen. Denn das, was heute in Buchform oder von Lehrern angeboten wird, ist meist nicht vollständig beziehungsweise verzerrt dargestellt. Wenn du dir die Planeten und ihre Eigenschaften anschaust, wirst du neue Qualitäten, passend zum Aufstieg der Erde, entdecken. Am allerbesten ist es, keine Bücher zu lesen, sondern sich mit kindlicher Unbefangenheit dem Wunder zu öffnen. Wenn du mich bittest, dich in die hohe Kunst der Astrologie einzuweisen, werde ich dich die Verbindungen und Qualitäten im Sonnensystem fühlen lassen. Mit dem Gefühl wirst du viel mehr erfassen, als wenn du diese Wissenschaft mit dem Verstand erlernen wolltest. Wenn du die Grundstufe abgeschlossen hast, entlasse ich dich und ein weiser alter Lehrer mit Namen Konfuzius nimmt sich deiner gern an. Eine so hohe, heilige Wissenschaft mit dem Gefühl zu erfassen bedeutet, sie auf der Herzensebene zu betreiben, denn sie ist das wahre Tor zur Erkenntnis.

Barbaras persönliche Erfahrungen

Bevor ich dieses Buch empfing, wusste ich nicht, dass es Nataria gibt. Deshalb habe ich mich gleich danach hingesetzt und Kontakt zu ihr aufgenommen. Nataria erschien mir ganz in Weiß, in ein weites Gewand gehüllt. Sie hatte rote lange Haare und ein sanftes Gesicht. Ich sprach von meinen weiblichen alten Mustern und bat sie, mir beim Auflösen zu helfen. Sie lächelte und zeigte mir eine Waage. Auf der einen Seite waren alle Erfahrungen mit der eigenen Weiblichkeit und der Sexualität. Ich sah dort geschundene Körperteile, traurige Gesichter, ungeborene Kinder und viel mehr. Es war sehr schmerzhaft, die Bilder der Erinnerung überfluteten mich. Wie in einem Kinofilm zogen die Sequenzen vor meinem inneren Auge vorüber und ich verspürte großen körperlichen und seelischen Schmerz. Dann zeigte sie mir die rechte Seite der Waage. Dort lagen lauter goldene Herzen. Nach und nach wogen sie die linke Seite auf und die Waage war im Gleichgewicht. Ich fragte Nataria: „Was muss ich tun, um es so auszugleichen?" Sie antwortete: „Es ist nur ein Schritt. Es ist deine reine Absicht loszulassen. Dann wird dein Schmerz ausgeglichen sein." Das deckt sich mit den Aussagen von Kryon, der immer so antwortet, wenn er gefragt wird, wie ein Mensch in die Neue Energie hineinkommt. Er sagt: „Es ist ein Schritt notwendig, es ist deine reine Absicht." Ich habe wieder etwas dazugelernt und erkannt: Ich bestimme selbst, wie sich etwas verändert, ich muss es nur wirklich wollen. Das ist der eine Schritt. Danke Nataria!

7

Die Kraft der Liebe

LANDOR VON DER VENUS SPRICHT

Ich begrüße dich aufs Herzlichste, geliebtes Menschenwesen. Ich lade dich ein, für eine gewisse Schwingungslänge in meinem Feld zu sein, in dem Feld der allumfassenden Liebe, die wir Venusier gern repräsentieren. Ich bin Landor, ich stamme aus einer alten venusischen Familie, die der Kumaras. Ich habe ein Amt inne, das du vielleicht als das eines Weltenkönigs beschreiben würdest. Ich halte mit meinem Bewusstsein die Schwingung des Planeten Venus. Dies tue ich nicht allein, ich habe acht Venusier, die mich darin unterstützen. Ich möchte unsere Gruppe als einen Rat der Repräsentanten bezeichnen. Wir neun tragen die Verantwortung für diese Aufgabe gemeinsam. Ich bin das Wesen, das die große Ehre hat, ihren Vorsitz zu repräsentieren. Du kannst dir gern vorstellen, dass wir eine Art Plenum sind, das die Schwingung der Venus und den größten Teil ihres Programms zur Verfügung stellt und alles mit seinem Bewusstsein umspannt. Diese Aufgabe haben wir im Laufe vieler Millionen Jahre von höheren Wesen erlernt.

Als wir sie vollständig beherrschten, wurde sie uns von diesen Wesen übertragen. Wir kommen alle von weit her und haben hier in diesem dualen System eine neue Aufgabe übernommen, die wir erst erlernen mussten. Unser Weg hat uns durch viele Sonnensysteme und Galaxien dieses Universums geführt. Wir stammen jeder aus einem anderen System. Diese Systeme wurden irgendwann aufgelöst. Damals wurden wir ausgesandt, um woanders neue Erfahrungen zu sammeln. Wir tragen einen Samen in uns, den auch du in dir trägst. Dieser Same trägt die hohe Schwingung seines Schöpfers in sich, den ich mit dem Namen Adamis ehren möchte. Wir alle sind hier, um zu dienen, auch du. Leider hat das Wort „dienen" hier auf der Erde immer einen leicht unangenehmen Beigeschmack! Es bedeutet oft, zu darben, sich einzuschränken und nicht frei zu ein. Wir sind hingegen vollkommen frei. Wir haben diesen Dienst aus freien Stücken angenommen und sehen darin auch die Möglichkeit, uns zu vervollkommnen. Denn auch unser Weg durch viele Universen ist noch lange nicht zu Ende; wir sind genau wie ihr auf dem Weg der Vollendung. Das bedeutet, irgendwann waren wir alle wieder mit dem EINEN vereint sein. Aber bis dahin ist es noch ein weiter Weg.

Wir leben nicht in der Zeit, wie du sie kennst. Wir haben auch einen anderen Begriff von Fortbewegung. Wir messen in anderen Zyklen. Außerdem sind wir jederzeit in der Lage, in die Vergangenheit und in die Zukunftspotenziale einzutauchen. Wir sind so weit, dass wir all unsere nächsthöheren Anteile kontaktieren und weitere Weisungen empfangen können. Der Kontakt zu meinem Höheren Selbst ist zum täglichen Austausch geworden. Ich bin immer mit ihm verbunden und kann die neuen Ideen der höheren Gremien und Lenker empfangen und entsprechend für die Venus umsetzen. Wir hier in diesem Rat der Neun sind immer geistig miteinander verbunden und somit stets über die Ideen der anderen unterrichtet. Nun denkst du vielleicht, wir hätten kein Privatleben. Wir empfinden da ganz anders. Denn es gibt so etwas wie einen Ehrencode, durch den wir bestimmte Schwingungen oder Zeitfaktoren aus unserem Bewusstsein ausschließen. Das ist in etwa so, als wenn du dich ganz auf etwas konzentrierst und dabei alles andere um dich herum ignorierst. Wir haben dennoch eine große Privatsphäre, die uns viel Freude bereitet. Doch schon auf einen kleinen Impuls hin können wir wieder mit den anderen verbunden sein, wenn zum Beispiel irgendetwas entschieden werden muss. Außerdem kann ich mit einem Teil meines Bewusstseins das Feld der Venus permanent erhalten. Es ist wie fest in meinem Bewusstsein installiert, deshalb bedarf es nur eines Augenblicks, mich in dieses Feld zu begeben und zu schauen, wer gerade wo etwas wie tut und was gerade das Massenfeld der Venus beeinflusst. Des Weiteren ist es mir jederzeit möglich, mit allen meinen Anteilen in Verbindung zu sein. Das wird möglich, wenn man sich ausführlich mit dem eigenen und dem göttlichen Sein beschäftigt. Ich bin einfach.

Ich bin Landor und ich bin ein großes Wesen, wie du auch ein großes Wesen bist. Wir unterscheiden uns lediglich dadurch voneinander, dass ich mein Bewusstsein weiter entwickelt habe als du. Ich habe gelernt, es auszuweiten. Glaube mir, ich bin nicht etwas ganz anderes als du, ich bin nicht ein fernes Wesen, das mehr Macht und mehr Durchsetzungsvermögen besitzt. Ich bin kein Gott. Ich bin Schöpfer, genau wie du. Nur bin ich mir meiner Schöpfungen deutlicher bewusst und ich habe alles unter Kontrolle, wie du sagen würdest. Ich bin Herr über meine Gedanken und meine Emotionen. Ich lasse mich nicht von alten Erfahrungen beeinflussen und gerate daher auch nicht aus dem Gleichgewicht. Dazu muss ich noch erwähnen, dass wir diese niederen Schwingungen, die dich beeinflussen, auch nicht mehr haben. Wir schwingen mehr im göttlichen Feld. Eine Beeinflussung durch niedere Schwingung gehört nicht mehr zu unserem Lernprogramm. Wir haben andere Ziele. Wir wollen uns noch mehr der göttlichen allumfassenden Liebe öffnen, die uns stärker trägt und eine noch höhere göttlichere Lebensweise möglich macht. Weißt du, geliebter Erdenmensch, du kannst dir nicht vorstellen, wie es ist, vollkommen in einer Liebesschwingung zu sein, sich ganz dem eigenen göttlichen Kern hinzugeben in der Gewissheit und mit dem unerschütterlichen Empfinden, dass alles gut ist, wie es ist. Keine Neid-, keine Angst- oder Kriegsschwingung beeinflusst uns. Deshalb können wir lange in dieser göttlichen Schwingung verweilen und, wie ihr sagen würdet, frohlocken. Nein, wir sitzen nicht auf einer Wolke, trinken kein göttliches Manna und singen nicht. Wir sind einfach voller Frieden im Feld der Einheit. Stell es dir so vor, als würden die kurzen Minuten des Glücklichseins, die du erlebst, fortwährend andauern. Sie enden nur dann, wenn wir dies bewusst wählen. Dieses Feld der Liebe ist in der fünften Dimension noch nicht vollständig vorhanden, aber wir haben gelernt – und bringen das auch den Bürgern der Venus bei –, uns höher einzuschwingen, um dieses Feld der Liebe zu spüren.

Wir sehen es als unsere Aufgabe an, unsere Geschwister von der Erde an die Hand zu nehmen und ihnen bei ihrem sehr spannenden, wenngleich anstrengenden Weg des Aufstiegs, der Erweiterung ihres Bewusstseins zu helfen. Deshalb erlauben wir uns, näher in das Feld der Erde zu treten. Das ist für uns nicht immer ganz angenehm, denn die niederen Schwingungen machen es uns schwer, diesen ätherischen Bereich der Erde zu besuchen. Wir ziehen es vor, in den höheren Bereichen zu sein und unserem Lichtkörper etwas näherzukommen, der uns vor diesen niederen Frequenzen abschirmt. Man könnte auch sagen, ihr Menschen und wir Venusier sind einander entgegengekommen. Denn du hast jetzt dein Bewusstsein erweitert und es ist dir möglich, auch mit deinem höheren Körper zu uns Kontakt aufzunehmen. Wir treffen uns sozusagen in der Mitte. Willkommen im Reich der venusischen Energie, die ich, wenn ich dich treffe, mitbringe und langsam in dein Herz fließen lasse. Wenn wir nahe Verwandte treffen, begrüßen wir uns, indem wir uns gegenseitig die Hand aufs Herz legen. Das soll eine tiefe Verbundenheit ausdrücken und leitet auch tatsächlich eine tiefe Herzensverbindung ein. Wir kommunizieren sonst telepathisch. Uns bleibt nicht verborgen, wenn es dem anderen nicht gut geht, denn innere Konflikte und Differenzen drücken sich in seinen Schwingungen aus. Er hat vielleicht etwas nicht verdaut, das in seinem engsten Bereich geschah. Es bewegt ihn etwas, weil er eine Entscheidung treffen muss. Wir sind ja bekannt dafür, dass wir sehr mit den Gefühlen verbunden sind. Damit meine ich nicht die Emotionen, denn die sind immer an Gedanken gekoppelt. Ich spreche davon, auf einer tiefen Ebene des Seins von etwas berührt zu sein. Wenn dieses Berührtsein zu Entscheidungen führen soll, kann Verwirrung entstehen. Indem wir die Hand auf das Herz legen, helfen wir dem Wesen, seine Verwirrung zu klären oder wieder ganz mit seinem eigenen göttlichen Kern verbunden zu sein. Oft reicht wirklich die Hand auf dem Herzen, um wieder ganz im eigenen Licht zu erstrahlen und zu wissen, wie es weitergeht.

Darf ich mir nun erlauben, meine Hand auf dein Herz zu legen? Ich möchte dir behilflich sein, deine eigenen kleinen Prozesse, in denen du dich befindest, ein wenig zu beschleunigen oder darin Klarheit zu gewinnen. Wir haben schon gehört, dass man jetzt nicht mehr viel „tun" muss, um zur Klarheit zu gelangen. Es genügt die Absicht, die allerdings tief aus dem Herzen kommen muss. Damit verbunden ist eine große Portion Vertrauen. Vertrauen zu sich selbst und zum anderen, der Hilfe geben will.

Vertraust du mir, Landor von der Venus, dass ich heute extra für dich gekommen bin, um dir behilflich zu sein, ein galaktischer Mensch zu werden? Ich bin hier, um dir zu sagen:

„Wir sind eins." Du bist nicht getrennt von mir. Ich bin ein Teil von dir, ich bin dein Bruder von der Venus, der gekommen ist, um dir zu vermitteln, dass Heilung geschieht, wenn du loslässt und vertraust. Alles, worüber du dir jetzt Sorgen machst, ist verbunden mit der Raum-Zeit. Auf einer anderen, höheren Ebene bist du damit nicht belastet. Ich kann dir jetzt diese alten Verkrustungen abnehmen und so dein „interdimensionales Bein" stärken, wie Kryon gern sagt. Ich gebe dir meine venusische Kraft und schubse dich ein wenig tiefer in deine Herzensenergie hinein. Denn dort liegt der wahre Schlüssel für die Transformation deines Menschseins. Ich hebe dich in meine Energie und erlaube mir, dir zu sagen: „Ich liebe dich, wie ein Bruder seinen Bruder oder seine Schwester liebt, wenn er erkennt, dass alle irdischen Erfahrungen Illusion sind." Ich nehme dich in meinen weiten Arm und sage zu dir: "Lass alles los, was dich bewegt, sei frei und erlaube dir, jetzt zu lächeln." Vielleicht wird dieses Lächeln bald zu einem lauten Lachen. Dieses Lachen ist wie eine befreiende Erkenntnis. Erlaube mir nun noch, dir in den nächsten Wochen und Monaten ein guter Begleiter zu sein. Ich hebe dich in mein Bewusstseinsfeld, wenn du es möchtest, und spende dir etwas von der venusischen Gelassenheit und der Lebensfreude, die wir hier genießen. Es ist wahrlich eine Kunst, das Leben zu genießen, wo immer man sich auch befindet. Wir sind die Künstler der Lebensfreude, wir lassen sie in alles einfließen, was wir tun.

Ich wünsche mir, dass dieses Gefühl, das ich jetzt durch meine Hand zu dir hinüberleite, dein Leben erleichtern möge.

Darum sei diese venusische Energie ein Unterpfand unserer liebevollen Verbindung. Denn Erde und Venus sind auch eins. Es gab eine Zeit, da waren wir wirklich eine Masse. Aber das ist eine andere, lange Geschichte.
Es ist mir eine große Ehre, dein Bruder zu sein.

ICH BIN
Landor

Eine Übung für dich

Wenn du diese wunderbare Botschaft näher anschaust und ihr nachspürst, kommt sicher ein starkes Gefühl der Verbundenheit auf. Das ist gut, denn letztlich sind wir alle miteinander verbunden. Ich bin Kryon und ich begleite die Menschen seit Anbeginn der Erde. Wobei zugleich ein anderer Teil von mir ganz andere Aufgaben ausübt. Wir sind wie ein interdimensionales Netz, miteinander verbunden, aber nicht für alle sichtbar und fühlbar. Manchmal muss sich der Mensch Ruhe und Zeit dafür nehmen, all diese herrlichen Energien, die wir euch spenden, ganz in sich aufzunehmen. Ich empfehle dir, die Botschaft von Landor ein paar Mal ganz in Ruhe durchzulesen und dich in sie zu vertiefen. Vergegenwärtige dir diese Wesenheit, indem du sie und ihre Hand auf deinem Herzen tief wahrnimmst. Lass dich ganz auf Landor ein. Er ist ein sehr weises Wesen und wirklich voller Liebe für die Menschen. Er gehört zu denen, die auf einen persönlichen Schritt der Weiterentwicklung verzichtet haben. Er hat sich dafür entschieden, der Venus und der Erde ein Helfer zu sein, und er wird erst einen weiteren Schritt tun, wenn auch die Venus ihren neuen Zyklus eingeschlagen hat. Denn nicht nur die Erde geht einen Schritt weiter, alle Planeten in diesem Sonnensystem gehen auf eine höhere Schwingungsebene, jeder so wie es seinem Entwicklungsstand entspricht.

Hast du jetzt vielleicht Lust, mich direkt zur Venus zu begleiten? Wollen wir der Hauptstadt der Venus, Elektria, einen Besuch abstatten? Gut, dann lehne dich zurück, reiche mir deine Hand, atme ein paar Mal tief durch und folge mir. Ich wähle den direkten Weg ohne Reisezauber. Wir landen in einer sanften Hügellandschaft, um hier einen Blick auf die Stadt zu werfen. Wenn du dich mit Atlantis beschäftigt hast, wirst du hier ähnliche Bauwerke sehen. Der Baustil und die Anlage der Stadt sind verwandt. Ein bekannter König von Atlantis war übrigens ein Venusier. Nun sei bereit für einen Besuch in der Stadt. Wir mischen uns unter die Bewohner. Vorerst bleiben wir unerkannt, denn du sollst zuerst einmal einen Eindruck von der Lebensweise der Venusier bekommen.

Du kannst diese Exkursion jederzeit beliebig ausweiten. Ich bin dir gern ein guter Führer.

Barbaras persönliche Erfahrungen

Vor einigen Jahren traf ich in einer Meditation auf eine Venusierin. Sie war groß, blond, fast weißhaarig und sehr schlank. Sie wirkte eher ätherisch und kaum klar erkennbar in ihrer Form. Als ich fragte, wer sie sei, lächelte sie nur und sagte: „Eine Schwester, eine nahe Verwandte." Warum sie gekommen sei, wollte ich wissen. „Ich bin dir sehr nahe, weil wir uns schon aus alter Zeit kennen", bekam ich zur Antwort. „Ich beobachte dich, und es ist mir ein Bedürfnis, dir auf deinem Weg behilflich zu sein." Sie gab mir dann ein paar persönliche Ratschläge, die sehr hilfreich für meine damalige Situation waren. Dann verriet sie mir, dass ich in einem venusischen Tempel eine Reinigung meines Bauches und seiner Organe, der Verbindungen zum gesamten niederen Körpersystem sowie meiner Verhaltensweisen bezüglich meiner Weiblichkeit vornehmen lassen könne. Sie seien Spezialisten für diese Art von Behandlungen. Wenn ich wollte, würde sie mich gern jetzt dorthin führen. Ich ließ mich zu dem Tempel geleiten. Augenblicklich befand ich mich in einem pyramidenähnlichen Raum mit einem kristallinen, großen, bettähnlichen Objekt. Ich wurde angewiesen, mich dort hinzulegen. Ich bemerkte, dass sich mein Gewand verändert hatte, ich trug eine rote Tunika. Dann sah ich, wie zwei Frauen, es waren wohl Priesterinnen, sich mit ihren Händen über meinem gesamten Bauchbereich zu schaffen machten. Sie agierten in einem Bereich, den ich nicht sehen konnte. Irgendwann war ich des Guckens müde und ließ es einfach geschehen. Ich bin dann dabei eingeschlafen und irgendwann sehr erfrischt aufgewacht. Ich habe dieses Heilritual noch ein paar Mal gemacht. Die letzte Sitzung war auch mit einem Gespräch verbunden, in dem ich ein paar Hinweise für meine weitere Lebensweise bekam. Vielleicht sollte ich diese hilfreichen Priesterinnen wieder einmal aufsuchen. Im täglichen Leben, das uns ja alle sehr in Anspruch nimmt, vergisst man leider, diese schönen Unterstützungen öfter zu genießen!

8

2012, die Chance für weitere Schritte in die galaktische Ebene

Weil die Menschen durch das Internet stark miteinander vernetzt sind, ist das Thema „2012" in vieler Bewusstsein. Es spricht nicht nur die spirituell interessierten Menschen an, sondern auch die, die sich für sehr intellektuell halten, horchen bei diesem Datum auf. Das hängt natürlich auch damit zusammen, dass viele Menschen mit großer Besorgnis darauf schauen, was in der Wirtschaft, in der Politik und im Zwischenmenschlichen vor sich geht. Die Menschen sind beunruhigt und verunsichert, und das betrifft eben nicht nur die, die spirituell auf der Suche sind. Die Grundsatzfrage lautet: Was geschieht mit unserem Planeten? Welchen Weg geht er? Verändert sich seine Umlaufbahn? Was ist mit den Messungen bezüglich der Pole, verschieben die sich? Warum nimmt die Kraft des Magnetfeldes ab? Wie erklären sich die Wetterveränderungen? Wohin entwickeln sich die Wissenschaften? Wann werden sich die Kriegsherde beruhigen und wann wird endlich Frieden für alle sein? Wann gibt es genug zu essen für alle Menschen? Oder wird die Erde doch noch untergehen?

Diese Gedanken beschäftigen viele Menschen jeglicher Kultur und Hautfarbe. Überall ist Beunruhigung zu spüren. Die Menschen, die von ihrer Kultur her noch sehr in das alte Wissen eingebunden sind, öffnen ihre Ohren und Herzen für die weisen Voraussagen ihrer Ahnen und versuchen, sie zu verstehen.

Die Weisen der alten Völker beschrieben die Zukunft auf ihre eigene Art. Nehmen wir ein Beispiel: Du weißt sicher, dass die Voraussagen der Maya mit dem 21.12.2012 enden. Ihr erweitertes Wissen erhielten sie bei ihren Zeitreisen in die Zukunft. Sie sahen allerdings nicht alles. Sie konnten lediglich erkennen, dass die Erde sich vollkommen verändert. Sie sahen große Flächen der Erde unbewohnt und schlossen daraus, dass sich möglicherweise die Erde ihrer Bewohner entledigt. Wie geschieht das üblicherweise? Durch Naturkatastrophen. Diese Interpretation muss jedoch nicht zutreffen. Richtig gesehen und gedeutet haben sie, dass zum Ende des Zyklus am 21.12.2012 eine große Veränderung eintreten wird.

Warum und wie sind die Mayas so plötzlich verschwunden? Sie haben sich selbstverständlich nicht in Luft aufgelöst, sondern sie haben die Erde gemeinschaftlich verlassen, als ihre Aufgabe erledigt war. Sie gingen wieder zurück auf ihre ursprüngliche Ausgangsposition, die am Eingang der Erdschneise liegt. Von dort aus machten sie sich gemeinsam auf den Weg zu den nächsten Abenteuern und Diensten. Sie waren Zeitreisende, die wussten, wie sie diesen Planeten verlassen konnten.

Was ihre Voraussagen anbelangt, so konnten sie nur erschauen, dass die Erde eine vollkommene Veränderung eingeht. Sie wussten nicht, dass die Erde teilhat an einer Grundveränderung des gesamten Sonnensystems, die von höherer Ebene ausgerufen werden würde. Sie erkannten richtig, dass der Mensch einem spirituellen Entwicklungszyklus unterliegt und dass er sich mit dem Ablauf dieses Zyklus, der wiederum in übergeordnete galaktische Zyklen eingebettet ist, zum 21.12.2012 wieder ganz der spirituellen Erkenntnis öffnet. Sie konnten allerdings nicht sehen, dass die Menschen sich über diesen Status hinaus entwickeln werden, was mit einem Aufstieg von Mensch und Erde verbunden ist.

Seit der Harmonischen Konvergenz von 1987, einem Zeitfenster, in dem einige Zyklen der Erde, des Sonnensystems und der Galaxie endeten, ist die Erde nun in diesen neuen Weg eingetreten. Viele weitgereiste Gäste nahmen an diesem Schauspiel teil und waren gespannt, ob die Erde es schaffen würde, zu diesem Zeitfenster so hoch zu schwingen, dass sie diesen neuen Weg des gesamten Universums mitgehen könnte. Oder ob sie den Weg des Unterganges einschlagen würde, was bis zu diesem Zeitpunkt noch möglich gewesen wäre. Alles hing davon ab, ob das Massenbewusstsein einen kritischen Stand erreichen würde, denn es bestimmt den Weg der Erde mit. Seither sind die Schwingungen von Erde und Menschen vollkommen verändert. Die Erweiterung des Bewusstseins bedeutet eine stärkere Vernetzung mit dem göttlichen Licht, das vorher nur partiell auf die Erde kam. Dieses Bewusstsein, von dem wir hier die ganze Zeit sprechen, ist der entscheidende Faktor für den Weg der Erde. Während du diese Zeilen liest, heben wir dich in die Ebene hinein, die du erreichen solltest, um dich und die Erde auf die neue Ebene zu bringen. Eigentlich ist dies auch ein Dienst für die Erde, nicht nur für dich. Diese Energie wird dich nie wieder ganz verlassen und aus ihr heraus wirst du später andere, ganzheitliche Entscheidung treffen, die wiederum der Erde dienen. Erkennst du das tief greifende Netz?

Dass die Erde in eine höhere Schwingung geht, hat generell nichts mit dem bekannten 26.000-Jahre-Rhythmus zu tun. Dieser läuft ab, das ist korrekt, die Erde und die Menschen treten ins Wassermannzeitalter ein, das seit je her mit hoher spiritueller Entwicklung einherging. Das, was ihr jetzt als Erwärmung der Erde erlebt, hat am wenigsten damit zu tun, dass die Menschen sich ökologisch nicht korrekt verhalten. Das trägt zwar auch seinen Teil dazu bei, aber generell stammen die Wetterschwankungen von der Veränderung des Weges der Erde. Die Erde balanciert sich aus. Das beginnt im Inneren der Erde. Dort beginnen die Verschiebungen des Erdkerns, die Auflockerungen der anderen Schichten der Erde. Die Verbindung der drittdimensionalen mit der fünftdimensionalen Ebene ist ein komplexes Unterfangen. Die Menschen erfahren diese Umarbeitung an sich als Symptome von grippalen Infekten oder unspezifischen körperlichen Schmerzen. Entsprechendes geschieht mit der Erde. Ihre „Krankheitssymptome" sind die Veränderungen auf der Erdkruste, wenn sich die Elemente aus dem Inneren der Erde ihren Weg nach außen bahnen.

Nun sind nicht viele Menschen so gut informiert wie du. Sie wissen nicht, was mit der Erde wirklich geschieht. Viele von ihnen sind verängstigt und würden sicher auch Ängste vor Außerirdischen entwickeln. Deshalb ist es wichtig, dass die Botschaften sanft an die Menschen weitergereicht werden. Am besten, indem man sich mit sich selbst beschäftigt. Dort in dir selbst ist der ruhende Pol, der verhindert, dass der Mensch in Angst und Panik geht. Deshalb bin ich, Kryon, auch schon vor über zwanzig Jahren durch Medien an euch herangetreten, um diesen Prozess sanft, ausführlich und so zu präsentieren, wie es für euch angemessen ist. Ihr braucht nicht in Angst zu sein, die Erde wird sich so sanft wie möglich verändern. Sie liebt ihre Menschen. Dennoch wird es natürlich Wettereskapaden geben, die auch Menschenleben fordern. Aber kannst du dir vorstellen, geliebter Mensch, dass diese Seelen davon wussten, dass sie sich sogar bereiterklärt haben, diesen Schritt zu tun? Sie tun es aus Liebe zu euch. Allgemein betrachtet, stehen die Menschen in ihrer Entwicklung auch jetzt, wie am Ende jedes Zyklus, an einem Scheideweg. Welchen Weg werden die Menschen nun beschreiten? Werden sie ihre Kriege und ihre Experimente mit der göttlichen Kraft beenden? Oder werden sie weiter nach Herrschaft streben, auch mit den Mitteln der Vernichtung? Als Atlantis unterging, war dies die Folge des Weges, den die Atlanter eingeschlagen hatten. Nun sind die

Menschen wieder an einem Punkt, an dem sie sich entscheiden müssen. Diese Punkte liegen in der Mitte und am Ende jedes Zyklus. Oft trat zu diesem Zeitpunkt eine Eiszeit ein, wie ihr es nennt, und meist wurden dabei die Tiere, die Pflanzen und die Menschen, die zu der Zeit auf dem Planeten waren, ausgelöscht. Manchmal konnten einige an geschützten Stellen überleben. Andere gingen ins Innere der Erde, wo sie zum Teil heute noch leben. Nach den Eiszeiten begann eine neue Entwicklung der Menschheit und die Erde trat in einen neuen Halbzyklus ein.

Dieses Mal ist es anders. Es wird zwar eine Eiszeit kommen. Das vermuten eure Wissenschaftler ganz richtig und geben es ganz vorsichtig an die Menschen weiter. Aber dieses Mal wird es eine sanfte Eiszeit sein, der eine große Hitzewelle und/oder große Wassermengen vorangehen. Es werden sich auch mehr Menschen von diesem Planeten verabschieden, weil sie noch nicht bereit sind, sich der Schwingungserhöhung der Erde anzupassen. Sei nicht traurig, sie gehen nicht verloren, sie gehen ihren Weg woanders weiter oder kommen etwas geklärter und mit einer erweiterten DNS zurück, um hier erneut zu dienen. Keine Seele geht verloren. Die meisten Menschen auf der Erde wissen das. Viele wissen um die Wiedergeburt und um die Entwicklung der Erde und ihre Zyklen. Die westlich erzogenen Menschen sind nicht so sehr mit diesen Themen vertraut, aber immer mehr von ihnen öffnen sich diesen Sichtweisen.

Was geschieht nun 2012?

Die Erde erhöht ihre Schwingung seit der Harmonischen Konvergenz, darüber haben wir hier in diesem Kurs schon oft gesprochen. Das Datum 2012 hat generell nicht die Bedeutung, die die Menschen vermuten. Die Erde wird nicht untergehen, sie wird sich aber auch nicht auflösen und mit einem Schwung in einer höheren Dimension sein. Richtig ist, dass seit 1987 die Goldene Welle konstant in Schüben auf die Erde kommt. Das bedeutet – und das ist die wichtige Aussage: Die Energie, die erst für 2012 erwartet wird, ist bereits da, und zwar seit Oktober 2008. In diesem kritischen Moment wurde, so könnte man es vielleicht am besten ausdrücken, eine bestimmte Unregelmäßigkeit in der Schwingung der Erde überwunden. Das war ein wichtiger Schub für die Erde.

Daher gibt es seit einiger Zeit zwei Erden. Einmal die Erde, wie ihr sie kennt, mit ihren vielen Zeitschienen, die die Menschen in ihren Inkarnationen besuchen. Und zum anderen die Neue Erde. Sie ist schon da, sie ist neben dir. Du stehst mit einem Bein schon auf ihr. Mit diesem, deinem interdimensionalen Bein lebst du bereits auf dieser Erde. Du bist dort, wenn du meditierst, wenn du schläfst, wenn du dich entspannst und dich mit deinem Höheren Selbst oder mit geistigen Kollegen unterhältst. In diesem Kurs helfe ich dir, die Balance zu finden und das interdimensionale Bein zu stärken, damit du leicht in den Übergang hineingleiten kannst. Dieser Übergang geht nicht mit einem Ruck vonstatten, er ist fließend. Nach und nach wirst du immer mehr Kontakt zu anderen Ebenen und Welten bekommen. Doch lass uns darüber später sprechen, im zweiten Teil unseres Buches.

2012 ist JETZT. Es wird keinen Untergang geben und auch kein blitzschnelles Aufstiegsszenario. Doch bietet 2012 ein hohes Potenzial für generelle Neuerungen, für neue politische Führer, für den Besuch eines weitgereisten hohen geistigen Wesens aus der Zentrale allen Seins. Dann ist die Schwingungsqualität dafür da, noch mehr Lichttore zu öffnen, um die Erde noch mehr anzuheben, aber es wird kein flammendes oder lichtvolles Szenario sein, das darfst du mir glauben. Es hat also keinen Sinn, Haus und Hof zu verkaufen, um von außerirdischen Helden in Empfang genommen zu werden. Ebenso wenig wird eine himmlische Leiter herabgelassen werden, auf der man in die nächste Dimension steigen könnte. Und es braucht auch niemand davon auszugehen, dass man ab 2012 keine irdischen Güter mehr braucht, weil man sich nur noch von Licht und Liebe ernährt und alles mit einem Gedanken erschafft.

Der Wandel der Erde und der Menschheit ist ein fortdauernder Prozess. Die Energie, die der Erde und den Menschen jetzt zur Verfügung steht, ist so hoch wie nie zuvor. Nutze sie für die angekündigten Quantensprünge. Es sind Sprünge für dich selbst. Wenn du sie für dich in deinem privaten oder geschäftlichen Bereich tust, tun andere Menschen sie auch. Sei ein Pionier, wie du es bisher schon warst, spring in dein Glück, in deine Eigenliebe und in die Nächstenliebe. Erkenne, wie groß du wirklich bist, und lebe und liebe das Leben.

Die Wetterveränderungen und die damit verbundenen unangenehmen irdischen Erfahrungen nimm mit Gelassenheit. Achte auf das Wasser, auch auf das Grundwasser. Überlege dir, am besten zusammen mit deinem Höheren Selbst, wo der richtige Platz für dich ist. Du wirst sicher immer da sein, wo du gebraucht wirst. Lass mich noch ein Wort zu den Menschen sagen, die die Erde durch Unwetter verlassen. Erinnerst du dich an den Tsunami und an die Wetterkatastrophe in New Orleans? Hast du bemerkt, dass damit eine plötzliche Woge der Betroffenheit, der Trauer, des Zusammengehörigkeitsgefühls und der Nächstenliebe verbunden war? Könnte es sein, dass auch hier wieder nichts so ist, wie es scheint? Du bist vielleicht sehr betroffen wegen der Katastrophen und sagst dir: „Musste es wirklich sein?" Ja, es musste sein. Es hat die Herzen der Menschen geöffnet, gereinigt und sie wieder bereit gemacht zu fühlen. Was glaubst du, bedeutete der Tod der Prinzessin, die ihr „die Prinzessin der Herzen" nanntet, wenn man ihn genauer betrachtet? Könnte es sein, dass sie absichtlich, im Dienst an der Menschheit in den Tod ging? Was glaubst du, warum der „King of Pop" so sein Leben aufgab? Was wollte er damit erreichen? Es gibt keine Zufälle. Diese Ereignisse sind im Plan der Erde enthalten, und die Seelen haben sich bereiterklärt, sich mit ihrem Dienst daran zu beteiligen, möge er nach außen auch noch so unerklärlich sein.

2012 ist eine wunderbare Möglichkeit, noch stärkere Potenziale zu entdecken und zu leben. Das gilt für alle Neuerungen in der Politik, in der Wirtschaft und im menschlichen Miteinander. Der Meister Saint Germain, ein geliebter Bruder, hat als Weltenlehrer mit seinen vielen Helfern viel zu tun, um diese Potenziale zu stärken. Er und wir wirken mit vielen Menschen, die in wichtigen Positionen sitzen. 2012 ist so wichtig, wie die Menschen glauben. Und gerade weil so viele etwas erwarten, ist es eine Möglichkeit, große Sprünge, ja sogar Quantensprünge für alle Menschen zu kreieren.

Ich möchte noch ein Wort zu den vielen dienenden Energiehaltern dieses Erdensystems sagen. Richtig ist, dass es bei den Aufgestiegenen Meistern in dem Zeitfenster um 2012 herum einen Wechsel geben wird. Viele von ihnen sind schon sehr lange hier und stehen stramm im Dienst. Für einige von ihnen ist es nun an der Zeit weiterzugehen. Sie werden von Menschen abgelöst, die ihren Sprung in die nächsthöhere Ebene wagen. Dies wird nicht exakt an jenem Datum geschehen, aber es liegt in dem Bereich dieses größeren Zeitfensters. Vielleicht bist du einer dieser Menschen, die den Schritt in die höhere Ebene wagen. Meinen Segen hast du, ich bin dir gern behilflich! Eine andere Gruppe der Aufgestiegenen Meister wird weiterhin der Erde in der höheren Dimension dienen, in die sie hineingewebt wird. Sie wissen, es gibt noch viel zu tun, bis die Erde und ihre Menschheit dort wirklich angekommen sind. Dann gilt es auch, die vielen Entdeckungen vorzubereiten und die neuen Pfade zu ebnen. Es gibt noch viele andere dienende Geister, die zu diesem Zeitfenster die Fackeln übergeben, um andere Wege zu gehen. Es werden menschliche Geister aufstehen und die Fackeln für den neuen Zyklus übernehmen. Geehrt bist du, geliebter Mensch, für deinen Dienst hier auf der Erde! Lass mich dich umarmen. Lege auch gern dein müdes Haupt an meine Schulter, so mancher von euch ist wirklich sehr erdenmüde!

Eine Übung für dich

Ich plädiere nicht oft dafür, in zukünftige Potenziale hineinzuschauen. Das kann auch irritierend wirken. Aber passend zu diesem Thema und um das zuvor Gesagte zu unterstreichen, möchte ich dich gern in die Zukunft führen. Ich reiche dir nun meine Hand und ermutige dich, loszulassen. Wir wollen das Jahre 2033 anvisieren. Wir wählen zum besseren Einstieg den optischen Weg. Schau es dir an, wir verlassen deinen Raum, steigen auf und sehen uns die Erde einmal ganz in Ruhe von oben an. Schau dir diesen herrlichen Planeten einmal ganz bewusst an. Ist er nicht wunderschön? Werde dir bewusst, dass die Erde wirklich ein herrliches großes Wesen ist, und sende deine Dankbarkeit zu ihr. Nun gehen wir wieder etwas näher an die Erde heran, und ich werde dir ein Plätzchen im Jahre 2033 zeigen, das dich sicher sehr interessiert!

Barbaras persönliche Erfahrung

Mich interessiert oft das Praktische und ich frage mich: „Wie wird es sein auf der Erde im Jahr 2033? Wovon werden wir uns ernähren? Wird es noch Kraftfahrzeuge geben und wie werden sie betrieben? Wie werden wir wohnen? Werden wir mehr auf dem Land leben oder eher in der Stadt? Werden die inneren Bereiche der Erde für uns zugänglich sein? Werden wir den Alterungsprozess selbst steuern können? Wie wird das Durchschnittsalter der Menschen sein? Wird die Medizin sich eher in die technisierte oder in die ganzheitliche Richtung entwickeln?" – So viele Fragen, die ich gern beantwortet hätte. Ich habe, nachdem ich diese Botschaften empfing, eine Pause gemacht und bin auch ins Jahr 2033 gereist. Ich war sehr erstaunt. Das hätte ich nicht erwartet. Ich möchte diese Erfahrung auch nicht in Worte kleiden, sondern Sie ermuntern, doch selbst einmal dorthin zu reisen.

Teil 2

ICH BIN (auch) Mensch

9

Die Kraft des ICH BIN oder die hierarchische Leiter

Der Mensch neigt dazu, sich oft nur körperlich wahrzunehmen, ohne die anderen Teile seiner selbst mit einzubeziehen. Nehmen wir als Beispiel für diese Sichtweise den Tagesbeginn. Ein Mensch erwacht, rekelt sich, reibt sich die Augen und erhebt sich aus dem Bett. Wie er seinen Tag beginnt, das hängt zuerst einmal davon ab, wie er die Nacht verbracht hat. War sein Schlaf erholsam oder eher unruhig? War der Mensch aufgewühlt, weil Ereignisse des Vortages ihn sehr bewegten oder weil er vielleicht generell in einer starken Umarbeitungsphase steckt, wie die meisten Menschen jetzt auf der Erde? Wie er aufwacht, das hängt aber auch davon ab, wie er die Zeit auf der anderen Seite des Schleiers verbracht hat. Denn alle Menschen verlassen den Körper in der Nacht und begeben sich auf andere Ebenen. Wir wollen dies später noch näher beleuchten. Erst einmal halten wir fest, dass die Bedingungen des Schlafens an sich und des Zurückkommens daraus den Tag eines Menschen prägen. Rein äußerlich betrachtet, sagt der Mensch nach einer schweren oder unruhigen Nacht: „Ich bin noch gar nicht ganz wach, ich muss erst richtig ankommen." Oder er sagt: „Ich bin heute Morgen mit dem linken Bein zuerst aufgestanden." Vielleicht sagt er aber auch: „Ich habe wunderbar geschlafen, ich könnte Bäume ausreißen." So kann sein Tag entweder ganz leicht oder etwas schwerer beginnen. Hat der Mensch im Schlaf die Themen bearbeitet, die ihn gerade beschäftigen, geht er vielleicht auch gleich damit wieder in Resonanz und denkt an die Schritte, die an diesem Tag angegangen werden müssen, an eine Entscheidung oder an ein unangenehmes Gespräch, das heute unbedingt geführt werden muss. Ich will damit sagen, dass der Mensch wieder in die Schiene der Themen und in eine Befindlichkeit hineinrutscht, die eher mit unangenehmen Gefühlen und sogar mit Angst behaftet sein können. Das drückt sich auch im körperlichen Befinden aus. Vielleicht hat der Mensch Magendrücken, ihm ist übel, er hat schwere Glieder oder er verspürt einen Druck im Kopf. Vielleicht ist er müde und fühlt sich ausgelaugt, als hätte er gar nicht geschlafen. Am liebsten würde er wieder ins Bett gehen und sich die Bettdecke über den Kopf ziehen. Kinder tun dies gern, wenn sie in der Schule vor einer wichtigen Klassenarbeit stehen oder Sorgen mit den Mitschülern haben.

Wie kommt es nun, dass der Mensch es nicht schafft, Herr seiner Gefühle und Stimmungen zu sein? Warum bestimmen so viele Dinge, die das tägliche Leben des Menschen ausmachen, wie er sich fühlt? Der Mensch schafft es meistens nicht, seine Themen und seine Aufgaben frei von Emotionen zu erleben und zu erledigen. Das ist wie ein Kreislauf, er kommt nicht heraus, er begibt sich immer wieder an den Ausgangspunkt seines Problems und gerät in eine Endlosschleife. Der Körper und die einzelnen Zellen erinnern sich an ähnliche Begebenheiten und gehen wieder in die alten Emotionen hinein. Der Körper weiß, wie diese früheren Geschehnisse ausgegangen sind, und verbindet dieses Wissen mit den momentanen Gedanken. Gedanken und Emotionen sind eng miteinander gekoppelt. Wenn bestimmte Gedanken hochkommen, verbinden sie sich mit alten Emotionen. Diese sind im Emotionalkörper gespeichert und dort in jedem Körperbereich mit der Erinnerung an frühere Ereignisse verbunden, die sich aktivieren, sobald in der Gegenwart ähnliche Dinge passieren. Hierzu kommen noch die Gedanken des Massenbewusstseins. Darüber sprachen wir schon öfters. Die Wirkung und die Wichtigkeit des Massenbewusstseins kann ich nicht oft genug betonen. Du bist in deinem täglichen Leben, wenn du nicht mit deinem Höheren Selbst eng verbunden bist, mit diesem Massenbewusstsein verflochten. Es ist immer um dich herum. Du schnappst daraus Energien und Gedankenbündel von anderen Menschen auf, ganz gleich, ob sie neben dir stehen oder ganz weit von dir entfernt sind. Das Feld des Massenbewusstseins ist überall und unterliegt keinen äußeren Bedingungen. Das wirklich zu verstehen ist nicht einfach, weil du oft nicht unterscheiden kannst, woher deine Emotionen, deine Gedanken, deine Ängste wirklich kommen. Ist es deine eigene Angst, wenn du keinen Fahrstuhl betreten magst, oder ist es die der anderen? Richtig ist, dass der Mensch jene Erinnerungen aus dem Speicher anzieht, die seinen eigenen ähneln. Auch hier gilt das Gesetz der Resonanz. Bleiben wir bei dem Beispiel mit dem Fahrstuhl: Hast du noch Prägungen in dir, die dich diese Klaustrophobie stark fühlen lassen, gehst du in Resonanz mit ähnlichen Schwingungen im Massenbewusstsein. Sie kreisen in deinem eigenen Feld und verbinden sich mit deinem Emotionalkörper, der dich diese Erfahrungen dann verstärkt in Form von Angstgedanken wiedererleben lässt. Wenn deine gespeicherten Erinnerungen aus diesem Leben sind, wirst du dich vielleicht daran erinnern. Möglicherweise warst du als Kind eine Zeit lang im Fahrstuhl eingesperrt. Es könnte aber auch sein, dass deine Ängste von einem Bergwerksunfall in einem früheren Leben herrühren, als du lange in einem engen Schacht eingesperrt warst. Selten wirst du diese Bilder in der betreffenden Situation direkt sehen. Sie sind durch einen Schleier verdeckt und lassen sich nur mit etwas Konzentration hervorholen.

Der nicht erwachte Mensch kann all diese intern ablaufenden Ereignisse und Beweggründe nicht kennen und verstehen. Er schiebt sein Unwohlsein nach einer langen beschwerlichen Nacht oder im Fahrstuhl auf äußere Ereignisse und macht sogar andere Menschen oder Umstände dafür verantwortlich. Er weiß nichts von seinen Prägungen aus früheren Leben und aus dem Massenbewusstsein. Diese Tatsache ist ganz wichtig zu verstehen. Niemand ist nur das, was er täglich lebt. Niemand ist nur von den äußeren Ereignissen geprägt. Alle Menschen haben tiefe Erinnerungen, die in den Zellen gespeichert sind und die meist noch nicht aufgelöst beziehungsweise integriert sind. Stell dir diese alten Ereignisse und das Massenbewusstsein als Schwingungen vor, die immer dann in dein Bewusstsein kommen, wenn sie mit etwas in Resonanz sind. Hier ist noch ein Beispiel zum klaren Verständnis: Du fährst in einem Auto und siehst vor dir jemanden in einem tollen Wagen. Er überholt und prescht unbekümmert an allen anderen vorbei. Was denkst du in diesem Moment? „Oh, ein Raser, der kann nicht schnell genug an sein Ziel kommen. Es ist immer wieder dasselbe, ohne Rücksicht auf die anderen fährt er einfach drauflos. So entstehen die schrecklichen Unfälle. Wer weiß, ob der Fahrer nicht an der nächsten Ecke einen Unfall verursacht. Ich werde mal lieber langsamer fahren. So etwas sollte hart bestraft werden. Das ist unverantwortlich." Oder du denkst: „Schade, so ein Auto hätte ich auch gern, aber für mich ist das viel zu teuer. Wieso kann der sich das leisten? Das ist sicher so ein hoher Boss, der rücksichtslos mit seinen Mitarbeitern umgeht. Ungerecht ist das. Vielleicht sollte ich nächste Woche Lotto spielen, dann kann ich mir auch so ein Auto leisten. Ach, das hat auch keinen Sinn. Ich gewinne bestimmt nicht. Wann habe ich schon mal etwas gewonnen? Das sind ja doch immer nur die anderen, die gewinnen." Oder du denkst: „Toll, wie der das macht. Der genießt einfach sein Leben jenseits der Konventionen. Der ist frei und genießt es, so ein Auto zu fahren. Das ist überhaupt die Idee. Am Wochenende werde ich mir mal meine alte Maschine aus der Garage holen und sie wieder startklar machen und dann hinausdüsen in die Freiheit. Wunderbar, ich freue mich schon!" Dies sind drei Beispiele, wie Menschen auf eine Situation reagieren können. Diese kann beliebig auf andere Situationen ausgeweitet werden. Das tägliche Leben besteht aus Situationen, aus Begegnungen, aus bestimmten und sich oft wiederholenden Abläufen, die mit sich bringen, dass Gedankenkonstruktionen und Emotionen, die im Emotionalkörper gespeichert sind, in Aktion treten. Wenn ein Mensch Themenbereiche und die damit verbundenen Schwingungen schon bearbeitet hat, sind diese gelöst, die Schwingungen ausgeglichen. Dann geht der Mensch mit ihnen nicht mehr in Resonanz und empfindet, wie in dem Fall mit dem Autofahrer, eher ein Freiheitsgefühl oder er bleibt ganz gelassen, auch wenn der andere an ihm vorbeiprescht. Das Freiheitsgefühl stammt aus einer höheren Ebene, von der du dieses Freiheitsgefühl kennst und wo du dich frei bewegen konntest, ohne fahrbaren Untersatz. Du dachtest es einfach und es geschah. Wenn du wolltest, konntest du im Sauseschritt durch die Galaxie düsen. Der Mensch, der sich über diese Lebenslust des anderen Autofahrers freut, ist frei von alten Schwingungen und auch frei vom Massenbewusstsein zu diesem Thema, sodass er sich ganz seinem Freiheitsgefühl hingeben kann. Er hat in dem Moment Zugang zu den höheren Ebenen, ist eins mit dem Höheren Selbst und nur in Freude und Liebe.

Warum ich dies hier so ausführlich und plastisch schildere? Weil es der einfachste Weg ist, dir plausibel zu machen, dass du jetzt hier in dieser Inkarnation oft noch mit dem „irdischen Bein" agierst und lebst. Dabei könntest du, mit ein bisschen Übung, dein Leben aus der höheren Sicht, mit dem „interdimensionalen" Bein leben.

Wir sind ja nun im zweiten Teil des Buches, wo es noch mehr in die praktischen Ebenen geht. Deshalb möchte ich dich bitten:

Sieh dir diese Beschreibungen im Hinblick auf dein eigenes Leben an. Ich habe auch eine kleine Hausaufgabe für dich: Lege das Buch nach diesem Kapitel einmal beiseite, nimm dir Zettel und Stift und gehe einen Tag deines Lebens durch. Notiere dir die einzelnen Stationen des Tages und begib dich in die Situationen hinein. Worüber hast du dich gefreut? Worüber hast du dich geärgert? Wenn du ganz tief darin eintauchst, wirst du deine Gedankengänge sogar nochmals durchleben. Du wirst wissen, was du gedacht hast und welche Emotionen dabei hochkamen: vielleicht der Ärger über die Kindergärtnerin deines Sohnes oder über die Zahnärztin, die dich warten ließ. Vielleicht war es der Schornsteinfeger, der viel Dreck gemacht hat. Vielleicht war es der Busfahrer, der anfuhr, als du noch keinen Platz gefunden hattest, und so weiter. Was bewegt dich in deinem täglichen Sein? Sind die Ärgernisse auch mit anderen Gedankengängen und sogar Geschehnissen verbunden? Du kennst solche Zusammenhänge. Dann sagst du vielleicht: „Oh nein, jetzt passiert auch das noch! Das setzt dem Ganzen die Krone auf. Der Tag kann nur noch schlecht weitergehen!" Du weißt sicher, worauf ich hinauswill?

Genau: Die Kraft deiner Gedanken bestimmt deinen Alltag. Durch die hohe Energie, die immer mehr auf die Erde kommt, bekommen die Gedanken noch stärkere Schöpferkraft. Sie setzen sich schneller in die Realität um. Sage also nicht: „Es hat nur noch gefehlt, dass dies oder jenes geschieht. Das wäre die Krönung des Ganzen." Denn Vorsicht: Es könnte prompt geschehen!

Diese kleine Exkursion sollte noch mal ganz deutlich zeigen, dass der Mensch nicht nur aus einem irdischen Körper besteht. Er steht auch mit vier weiteren niederen Körpern in Verbindung und in Resonanz. Wir haben das in anderen Schriften schon ausführlich besprochen. Ich möchte ganz gezielt darauf hinweisen, dass es Zeit ist, von der Theorie zur Praxis zu wechseln. Du weißt das alles, weil du es gelesen hast oder dich erinnerst. Aber du lebst dieses Wissen nicht. Richte dein tägliches Leben bewusster aus. Wenn du im Fahrstuhl unangenehme Gefühle hast, dann verbinde dich mit deinem Höheren Selbst und sage dir mit einem Lächeln: „Diese alten Emotionen dürfen jetzt gelöscht werden. Ich denke mit Liebe an das Bewusstsein ‚Fahrstuhl' und ehre es dafür, dass es mich transportiert." In Bezug auf den Autofahrer magst du vielleicht auch mit dem Freiheitsgefühl in Resonanz gehen und den anderen nicht kritisch oder neidisch bewerten. Habe Verständnis für die Kindergärtnerin, die vielleicht mit dem „linken Bein" zuerst aufgestanden ist. Betrachte alle täglichen Dinge durch die göttliche Brille. Diese Sichtweise hebt dich aus den alten Prägungen heraus.

Wir wollen noch einmal die göttliche Leiter betrachten. Das ist eine gute Grundlage, um die menschlichen Reaktionen noch besser zu verstehen. Du kamst hierher, um die Erfahrungen des materiellen Lebens zu erkunden. Du wolltest wissen, wie es ist, hier in dieser dritten Dimension zu sein. Eigentlich müsste ich in der Wir-Form sprechen: Ihr wolltet wissen, wie es ist, hier zu leben. „Ihr" bezeichnet die vielen, die du bist. Du bist wirklich nicht nur eines, du bist viele. Damit meine ich deine eigene Präsenz, nicht die Verbundenheit mit anderen. Stell dir vor, dass du als großes Lichtwesen in einer höheren Ebene bist und dich entschließt, einmal diese anderen Welten zu erforschen. Es könnte sogar sein, dass du einer der Schöpfer dieses Sonnensystems bist und beschlossen hast, deine Schöpfung bis in die kleinste und tiefste Zelle hinein selbst zu erforschen. Du sagtest dir: „Ich möchte wissen, wie es ist, in einem menschlichen Körper zu sein. Ich habe ihn mit erschaffen, unser Kollektiv hat dies im Auftrag des hohen Schöpfers getan. Aber wie mag es sein, so zu leben? Das muss ich selbst erforschen!" Sich von einer höheren Ebene in eine tiefere zu begeben heißt, sich zu „vervielfältigen", um die Schwingungen herabzusetzen. Dies beinhaltet auch, sich aufzuspalten. Die eigene Essenz wird in verschiedene Unterselbste aufgespalten, die dann in die tieferen Ebenen gehen. Das Beispiel der russischen Puppe passt hier sehr gut. Denn alle abgespaltenen Anteile sind immer noch Teile der hohen Lichtwesenheit. Anlog zur russischen Puppe könnte man sagen: Die Puppe in der Puppe ist zwar eine einzelne eigene Puppe und kann auch so agieren, aber sie ist Teil der Gesamtidee „Russische Puppe" und deshalb immer mit den anderen in Verbindung. Wo immer du auch herkommst, wer immer du auch bist: Du bist nicht in deiner Gesamtheit hier inkarniert. Du bist viele Anteile und der körperliche Teil ist am weitesten von deiner Essenz entfernt. Deine vier niederen Körper sind Teile deines physischen Konstrukts; sie machen es möglich, dass du hier leben kannst. Sie versorgen dich zum Beispiel mit der göttlichen Energie und sie speichern unter anderem all deine Erfahrungen.

Deine Essenz agiert weiter in ihren höheren Ebenen, hat aber immer Verbindung zu dir. Diese Verbindung ist wie eine Schnur, die nie abreißt. Deine Essenz hat auch Kontakt zu den anderen Anteilen, die nötig waren, um dich herabzutransformieren. So bist du mit der Essenz und den nächsthöheren Anteilen immer verbunden. Diese Verbindung ist dir meist nicht bewusst. Wenn du tief in deine täglichen Dramen eintauchst, dann kommen die höheren Anteile nicht zu dir durch, sie können sich kein Gehör verschaffen. Bist du dir allerdings dieses Kontaktes bewusst und lädst sie alle ein, mit dir dein Leben zu teilen, dann können sie dich inspirieren. Du empfindest es meist als spontane Inspiration, etwas zu tun, oder du sprichst von der Intuition, die dich führt. Oder du bist sogar schon so weit geklärt, dass du dich mit deinem Höheren Selbst und den anderen Anteilen deiner Leiter unterhältst. Das kannst du noch intensivieren, indem du mit ihnen so sprichst, als würde ein Freund neben dir sitzen.

Der Sinn dieses Kontaktes ist, das irdische Leben interdimensionaler zu gestalten. Die Erde verändert ihren Weg, die Menschen erwachen und erkennen immer mehr, wer sie wirklich sind. Du musst dein Leben nicht mehr kämpferisch meistern. Du kannst den sanfteren Weg wählen und all deine Klippen, Lernaufgaben, das ganze tägliche Einerlei mit deinen höheren Anteilen angehen und durch ihre göttliche Brille betrachten. Ich weiß, das Schwerste ist, diese Vorstellung anzunehmen und tief und fest zu akzeptieren, dass du wirklich nicht nur ein Mensch bist, sondern auch ein multidimensionales Lichtwesen, das von weither kam, um die Physis zu erfahren. Aber einmal ganz unter uns: Ist es nicht wunderbar, dies jetzt zu wissen? Eröffnet es nicht neue, herrliche, göttliche Möglichkeiten für dieses Leben? Ich freue mich, dich weiter in deine Interdimensionalität zu leiten!

Eine Übung für dich

In diesem zweiten Teil des Buches möchte ich dich gern langsam, aber intensiv in dich selbst hineinführen. Ich möchte dir aus verschiedenen Blickwinkeln deine Interdimensionalität vermitteln. Zusätzlich zu der Übung, in der du deinen täglichen Ablauf genauer beleuchtet hast, bitte ich dich nun noch, dich mit deinen unmittelbaren Lebenspartnern zu beschäftigen: deinen Kindern, deiner Partnerin oder deinem Partner, deinen Eltern, deinen Freunden. Sieh dir alle, mit denen du dich verwandt fühlst, näher an. Diese Verwandten müssen nicht unbedingt Blutsverwandte sein. Betrachte alle näher, die an deinem Leben intensiver teilhaben. Sieh sie dir unter dem Aspekt der Resonanz an: Was verbindet dich mit ihnen? Wo geht dir etwas unter die Haut, was eine bestimmte Person tut und sagt? Beeinflusst es dein eigenes Leben? Und wenn ja, inwiefern und was macht es mit dir? Wie fühlt es sich für dich an, wenn es Unstimmigkeiten gibt? Wo schmerzt es in deinem Körper? Beleuchte alle Verbindungen zu den Menschen, die dir nahestehen. Das gibt dir Aufschluss darüber, wo du in die Energien der anderen verwoben bist. Das bist du zwar sowieso, das ist ein physikalisches Gesetz, aber die Frage ist: Wo bist du ein bisschen abhängig von dem anderen, von seiner Handlungsweise und davon, was er von dir denkt, wie er dich einschätzt oder vielleicht sogar, wohin er dich haben möchte? Dies genau zu beleuchten wird einige Zeit in Anspruch nehmen. Aber sei sicher, es macht dir vieles bewusster. Du wirst erkennen, wer dich beeinflusst, vielleicht sogar manipuliert, wo die Verbindung sehr stark und klar ist. Dem anderen ist das sicher oft gar nicht bewusst. Er will dich nicht unbedingt mit Absicht ärgern. Er weiß es wahrscheinlich nicht besser. Du wirst auch erkennen, wo eine klare, offene, freiheitliche Beziehung gelebt wird. Du wirst feststellen, dass umgekehrt auch du eine gewisse Funktion bei den anderen ausübst. Auch du wirkst meinungsbildend und vielleicht manipulierst du auch. Da du als Pionier hier auf die Erde kamst, um Änderungen einzuleiten, ist es nun an der Zeit, diese Verbindungen zu klären. Das wird dein Leben vielleicht grundlegend verändern. Vielleicht bist du auch schon lange dabei, die Freiheit als dein höchstes Ziel anzuvisieren. Bei dieser Aufgabe begleite ich dich gern intensiv. Du brauchst viel Mut und Offenheit. Vergiss nicht, wir sind eng verbunden, ich kenne dich und sehe jeden deiner Schritte. Wenn du es mir gestattest, leite und inspiriere ich dich, die nächsten Denk- und Handlungsschritte zu gehen.

Barbaras persönliche Erfahrungen

Wenn ich heute insbesondere die letzten zwanzig Jahre meines Lebens anschaue, erkenne ich klare Strukturen der Veränderung hinsichtlich der Verbindungen zu anderen Menschen. In den letzten zehn Jahren wurde es noch deutlicher: Ich bin äußerlich nicht sehr stark in familiäre Strukturen eingebunden. Bis auf meinen Sohn und dessen Familie ist meine Familie auf der Erde nicht mehr präsent. Die Verwandtschaft ist in der ganzen Welt verstreut und wir haben so gut wie keinen Kontakt. Jetzt weiß ich, dass dies ein Geschenk ist, auch wenn es äußerlich nicht so scheinen mag. Ich war Einzelkind und stamme aus einem Geschäftshaushalt, in dem ein familiäres Leben oft nicht stattfand, weil keine Zeit dafür da war. Als Kind fand ich das oft nicht so schön und beneidete andere Familien ein wenig. Heute sehe ich, dass es bewusst von mir und meinem Höheren Selbst für diese Inkarnation so gewählt war. Ich bin sehr selbstständig und unabhängig groß geworden und habe so auch mein Leben gestaltet. Ich liebe das freiheitliche Denken und bin viel mit mir selbst zusammen. Nur so konnte ich, das ist mir heute bewusst, so viel mit der geistigen Welt zusammen sein. Ich habe auch die letzten zwanzig Jahre ausschließlich dem Erleben der geistigen Ebenen gewidmet. Hätte ich mich viel um die Familie kümmern müssen, wäre ich gar in eine Großfamilie eingebunden gewesen, wäre dies sicherlich nicht möglich gewesen. Meine Eltern sind beide von der Erde gegangen, kurz bevor ich mit Kryon intensiv in die Seminararbeit geleitet wurde, mein Sohn heiratete und wurde Papa, und ich wurde inspiriert, ans Meer zu ziehen, um dort noch mehr meinen eigenen Prozess fortzuführen. Wenn ich mich mit anderen Kollegen über unsere Lebenswege austausche, höre ich Ähnliches. Vielleicht ist es Ihnen, liebe Leserin und lieber Leser, auch ähnlich ergangen? Wir haben uns die Lebensbedingungen für diese besondere Inkarnation auf der anderen Seite des Schleiers sicher wohlüberlegt zusammengestellt ... Kryon nickt gerade vergnügt.

10

Das Höhere Herz

Für die meisten nicht erwachten Menschen ist der Begriff „Höheres Herz" eher verwirrend. Mit „Herz" meinen sie im Allgemeinen das physische Herz und das sitzt bekanntlich im linken Brustbereich des Menschen. Es hat sogar den wunderbaren Vorteil, dass man es, im Gegensatz zu anderen Organen oder Teilen des Menschen, hören und fühlen kann. Es schlägt in einem bestimmten Takt; es ist übrigens der Takt der Zwölf. Das ist die Grundschwingung dieses Sonnensystems und steht mit dem Grundton der Schwingung des Menschen in Zusammenhang. Wenn du in die Stille gehst und in dich selbst hineinlauschst, kannst du diesen Ton sehr tief in dir spüren. Das wollen wir gleich in einer Übung ausprobieren. Ich möchte dich mit deinem Herzen verbinden; ich möchte dich auch die tiefe Schwingungsebene deines Grundtons, deine Grundschwingung, spüren lassen.

Bitte lehne dich zurück, atme ein paar Mal tief durch und lass den Atem dann ganz von selbst langsamer werden. Das dauert sicher eine Weile. Während du dies tust, fühle ganz in deinen Körper hinein, beobachte, wie er sich jetzt verhält. Was ist das für ein Gefühl, sich vollkommen auf den Körper zu konzentrieren und mit ihm mehr und mehr verbunden zu sein? Meist fühlt der Mensch sich eher oberflächlich im Körper und nicht in der eigenen Tiefe. Viele Menschen haben Schwierigkeiten, sich selbst ganzheitlich zu fühlen. Meist sind der Verstand und das damit verbundene Ego sowie der Körper eher getrennt voneinander fühlbar. Lass dir Zeit, dich selbst als Einheit zu fühlen. Dann fokussiere deine Aufmerksamkeit bitte auf dein physisches Herz. Nimm es einfach ganz subtil wahr. Vielleicht magst du dir das Organ sogar vorstellen wie es in Anatomiebüchern abgebildet ist. Oder möchtest du dir dein Herz lieber etwas gefälliger vorstellen? Vielleicht in der klassischen Form, in der Menschen sich gern ein Herz ausmalen, mit diesen Rundungen. Fühle in dein Herz hinein und beobachte seine Schläge. Vielleicht magst du deine Finger auf die Innenseite deines Handgelenks oder auf deinen Hals legen, wie Krankenschwestern es tun, und den Schlag deines Herzens so erspüren. Lass dir Zeit für die Übung. Bleib so lange mit dir und deinem Herzen verbunden, wie es dir gefällt.

Diese Übung ist sehr empfehlenswert, wenn du Ärger hast, gestresst oder traurig bist. Sie verbindet dich mit deinem tiefsten Sein. Das tiefste Sein ist gleichzeitig das höhere Sein. Dein physisches Herz ist eng mit deinem Höheren Herzen verbunden. Dein Höheres Herz ist der Sitz deines Höheren Selbst, das die nächsthöhere Instanz hier während deiner Erdinkarnation ist. Hier befindet sich auch die Pforte für die Begegnung mit deinen weiteren höheren Anteilen. Hier sind außerdem eine Tür zum Raum der Stille sowie die Tür zu den anderen Zeitschienen, zu anderen Dimensionen, zu anderen Sonnensystemen und zur gesamten Galaxie. Hier ist das Sprungbrett, das dich in die Goldene Welle hüpfen lässt, und hier findest du Zugang zu deinen eigenen inneren Welten. Du begegnest dem, was du wirklich bist. Hier hast du die Möglichkeit, alle Aspekte, die dich ausmachen, anzuschauen. Hier bist du ganz für dich, wenn du der irdischen Welt einmal den Rücken kehren willst.

Mit dem Höheren Herzen kannst du nicht nur in tiefer Meditation, sondern ständig verbunden sein. Eigentlich bist du ohnehin ununterbrochen mit all diesen Attributen deines Seins verbunden, du bist dir dessen nur nicht bewusst.

Beleuchten wir noch einen Augenblick dein niederes Körpersystem. Du wirst gespeist durch deinen Ätherkörper, der die göttliche Lebensenergie durch die Chakren und die Meridiane in deinen niederen Körper leitet. Dein Höheres Herz liegt in allen niederen Körpern und in jedem Herz ist eine Tür zum nächsten Herzen. Du kannst von einem Herzen zum nächsten gehen, entsprechend der Dimensionen und Ebenen deines Seins. Du wandelst von der physischen Ebene in die emotionale Ebene, dann in die mentale und danach in die kausale Ebene. In den alten Zeiten war das ein sehr schwerer Weg, der vieler Einweihungen bedurfte. In der heutigen wunderbaren Zeit ist es immer noch nicht ganz einfach, diesen Weg von Herz zu Herz zu entdecken, zu beschreiten und zu erobern, aber verglichen mit damals ist es leicht. Das Gute ist auch, dass wir Helfer so nah sind wie nie zuvor und dass die höchste Schöpfertrinität eine Gesetzesänderung in Gang gesetzt hat. Sie besagt, dass ein jeglicher Mensch, der erwachen möchte, eine Heerschar von Helfern bekommt, die seine Schritte der Bewusstseinserweiterung unterstützen. Die vielen Prüfungen, die der Mensch früher bestehen musste, sind in der Form nicht mehr zu durchschreiten. Wahr ist allerdings, dass du dir gemeinsam mit deinen höheren Anteilen immer ein paar Erkenntniswege kreierst, die du beschreiten musst. Sogar auf dem Weg der Bewusstseinserweiterung möchtest du deine Erfahrungen sammeln. Du sagst dir selbst auf einer höheren Ebene: „Diesen Weg zurück nach Hause zu gehen ist das spannendste Abenteuer, das ich je erleben werde. Ich will es auskosten und mich selbst beobachten, wie ich dies alles schaffe. Ich will alle Schritte klar und deutlich gehen und alle Störfaktoren genau ansehen und wegräumen. Das ist mein Wunsch." Wenn du nun ein paar kleine Stolpersteine auf deinem Weg siehst, dann sei sicher, keiner deiner Helfer war so „unverschämt", sie dorthin zu legen. Du warst es selbst. Und die gute Nachricht ist: Du kannst jederzeit deine Meinung und deine Stolpersteine ändern. Wer sollte dir dieses Recht absprechen, da du eine solch alte Seele bist? Du bist der Meister deines Weges. Du bestimmst das Tempo und den Weg.

Der Weg in das Höhere Herz war früher nur Eingeweihten und Auserwählten vorbehalten. Die anderen Menschen waren dafür noch nicht offen. Das hängt wieder mit dem Spielplan der Erde zusammen und den Zyklen, denen er unterworfen ist. Nur zu ganz bestimmten Zeiten waren die Menschen für die spirituelle Entwicklung offen. Außerhalb dieser Phase wollten sich meist nur wenige Menschen dem Göttlichen nähern. Dies geschah dann in abgelegenen Tempeln oder an anderen heiligen Plätzen. Auch deshalb, weil die Energie dort hoch war und die Menschen dort leichter in Kontakt mit der geistigen Welt kamen.

Nun ist dies alles anders und wir sind in großer Freude, einem jeden Menschen dabei behilflich sein zu können, mit seinen eigenen Anteilen und dem Rest der Welten wieder in Verbindung zu kommen. Lass uns nun noch ein bisschen über die Zusammenhänge der Dimensionen plaudern. Wo sind die anderen Dimensionen? Wenn die Menschen von mir oder anderen geistigen Wesen sprechen oder gar von GOTT oder wenn sie beten wollen, schauen sie meist nach oben in den Himmel. Sie vermuten, wir müssten weit oben und nicht in der Nähe sein. Das hängt sicher auch damit zusammen, dass viele meinen und erfahren, dass der Kontakt zu uns sehr schwer zu bekommen sei. Und das ist vielleicht tatsächlich immer noch so. Man wähnt uns deshalb weit fort. Dabei ist das wirklich nicht der Fall. Die nächste Ebene, die anderen Zeitschienen, die nächste Dimension ist in und neben dir. Du bist mittendrin. Schauen wir uns einmal das Haus an, in dem du wohnst. Du wähnst dich vielleicht allein in dem Haus, wenn du dies hier liest. Aber in Wirklichkeit sind neben und in dir viele andere Ebenen, die gleichzeitig existieren. Neben und in dir sind das Mittelalter, die Steinzeit und die Zukunft von 2033! Du merkst es nur nicht. Schau, da wo jetzt dein Haus steht, ist im Mittelalter vielleicht gerade eine große Schlacht im Gang, und in der Steinzeit ist dein Haus vielleicht eine Höhle mit einem lodernden Feuer. Die Zukunft von 2033 bringt möglicherweise mit sich, dass dein Haus zwar noch so dasteht, wie es jetzt ist, aber andere Mieter ein paar Veränderungen vorgenommen haben, sodass dein Zimmer größer ist. Vielleicht bist du im Jahre 2033 selbst noch in dem Haus, nur wohnt in diesem Zimmer vielleicht ein anderes Familienmitglied. All das ist möglich. Aus dieser Sichtweise mache dir auch bewusst, dass dein Körperelementar – die Wesenheit, die deinen Körper auf einer anderen Ebene überwacht – im Moment gerade überlegt, wie es dich dazu bringen kann, mehr auf deinen Magen zu achten. Erzengel Michael ist vielleicht in deinem Feld etwas präsenter, weil er weiß, in welch starken Prozessen du dich befindest. Er möchte dir gern behilflich ein. Generell bist du jetzt im Feld der Erzengel bewusst verankert, weil du dein Bewusstsein schon bis dahin erweitert hast. Die Erzengel agieren im Bereich der höheren Ebenen in der neunten Dimension. Das ist ihr Wirkungskreis. Der reicht zwar öfters bis in tiefere Ebenen hinein, doch in der neunten Dimension empfangen die Erzengel ihre Weisungen. Dort ist ihre Verbindung zu ihren höheren Ebenen besonders intensiv. Das ist ganz einfach ausgedrückt.

Weißt du, geliebter Mensch, in diesem Kurs geht es nicht um detailliertes Wissen, das ich dir vermitteln will. Ich stupse lediglich an, ich führe dich weiter in das schrankenlose Sein, ich befreie dich von Blockaden, damit du durch die göttliche Brille schauen kannst. Details sind nicht von Bedeutung. Sie sind einfach da und brauchen nur noch erkannt beziehungsweise „heruntergeladen" zu werden. Den Weg zu finden, um die Details zu erkennen und sie zu verstehen, das ist jetzt wichtig für jeden einzelnen Menschen. Dazu gehört es auch, dass du neugierig wie ein kleines Kind all die Welten in dir und neben dir entdeckst, und zwar möglichst mit dem Gefühl. Wenn ich sage, dass alles auch in dir steckt, dann meine ich damit, du brauchst deinen Körper nicht erst zu verlassen, um dann von Dimension zu Dimension zu schweben. Du kannst dies auch erreichen, indem du einfach nach innen gehst. In deinem Höheren Herzen liegt der Zugang zu allen Bereichen des Seins. Du brauchst nur in dein heiliges Höheres Herz einzutauchen und du wirst merken: Alle Facetten des Seins lassen sich von hier aus entdecken und erkunden.

Jetzt musst du noch wissen, dass Membranen um dein Herz herumgelegt wurden. Das geschah, nachdem du schon hier auf der Erde warst, als sich die Zyklen veränderten. Je mehr du mit der Erde gemeinsam in die tieferen Ebenen gingst, desto vernebelter war deine Erinnerung an zuhause, und weil die Erfahrungen in der Physis immer intensiver wurden, vernarbte dein Herz immer stärker. Es gehörte auch zum Programm des Experiments „Erde", dass das Herz nicht weit geöffnet sein sollte. Der Kontakt zu der höheren Quelle sollte nicht leicht zu erfahren sein. Sicher kannst du dir nicht so recht vorstellen, dass du selbst bestimmt haben sollst, dass dies so ist. Ich kann dir aber versichern, dass dein Höheres Selbst mit den anderen Anteilen und den Herren der Schöpfung dieses Sonnensystems damit einverstanden war. Bedenke, es geht hier immer wieder um Lernerfahrungen und die gehen zum Teil wirklich bis an die äußerste Grenze. Doch das ist nun vorbei. Dein Höheres Herz befreit sich langsam von all deinen alten Prägungen und Membranen. Das geschieht Stück für Stück und ist wie vieles im Moment ein Transformationsprozess. Dieser Prozess ist manchmal leider auch etwas schmerzhaft. Vielleicht geht es dir so, dass du plötzlich ohne Vorwarnung in alte Situationen geführt wirst. Oder du triffst Menschen, mit denen du im Schmerz auseinandergegangen bist, obwohl du eigentlich nicht vorhattest, sie noch einmal wiederzusehen. Doch für die Transformation ist es manchmal gut, sie nochmals in deine Nähe kommen zu lassen. Du weinst möglicherweise plötzlich in Situationen, in denen es scheinbar gar keinen Grund dafür gibt. Dann löst du alte Strukturen, die um dein Höheres Herz gelegt wurden. Manchmal wurden diese Membranen auch zum Schutz gelegt. Sie sollten verhindern, dass du zu sehr verletzt würdest. Das war sicherlich im Mittelalter oder in anderen Epochen und Jahrhunderten, die sehr archaisch waren, der Fall. Aber vergiss bei all deinen Folgerungen nicht: Du hast dir jede Inkarnation ausgesucht. Niemand hat dich gezwungen, wieder zu inkarnieren, und dir wurde schon gar nicht vorgegeben, wie und wo. Du warst es selbst, die oder der das alles mit einem Team von Helfern plante und die Voraussetzungen dafür zusammenstellte, dass du genau das erfahren konntest, was du wolltest. Jetzt, für diese Inkarnation, haben alle alten Seelen ein ganz besonders Paket an Erfahrungen zusammengestellt. Das ganze Karma und die vielen alten Muster, die noch nicht geklärt sind, sollten abgetragen werden. Das ist wahrlich ein schweres Paket.

Viele alte Seelen haben in diesem einen Leben so viel erlebt wie in zehn anderen zusammengenommen nicht. Das stellst du sicher auch fest, wenn du dich einmal mit anderen Erwachten unterhältst. Viele Schicksalsschläge, Krankheiten und anderes habt ihr durchgemacht. Bei diesen Schritten hattet ihr viel Hilfe. Und seit der Harmonischen Konvergenz 1987, nach der klar war, dass die Erde ihren neuen Weg geht, kam noch eine größere Anzahl von interdimensionalen Helfern dazu, die nun ständig im Bereich deines Höheren Herzen stationiert sind, um dir zu helfen. Sie alle unterstehen jedoch deinem Höheren Selbst.

Ich möchte nun mit dir in dein Höheres Herz eintreten und bitte dich, dir dafür Zeit zu nehmen. Mache es dir bequem und komme zur Ruhe. Wir wollen dein Höheres Herz auch visualisieren. Schließe deine Augen und lass bitte vor deinem inneren Auge ein Bild von deinem Herzen entstehen. So, wie du dir ein Herz vorstellst: vielleicht mit diesen Rundungen, vielleicht auch in Rosa oder in Rot. Stell es dir sehr plastisch vor. Ich helfe dir dabei. Nun visualisiere eine Tür in der Mitte deines Herzens. Wähle eine, die dir gefällt. Ich öffne nun die Tür zu deinem Herzen. Es ist möglich, dass sich um das Herz und auch um die Tür ein leichter Nebel bildet oder dass du sogar so etwas wie eine Mauer oder einen Stacheldraht siehst. Das sind die Membranen, von denen ich sprach. Da du dir selbst gegenüber autorisiert bist, kannst du jetzt dafür sorgen, dass diese Membranen, diese Barrikaden sich auflösen. Intuitiv weißt du, was du dazu tun musst. Nun gehe zur Tür und betrete dein Herz. Was du jetzt siehst, ist der Vorraum deines Höheren Herzens. Hier ist der Platz, an den du dich zurückziehen kannst, um zu meditieren oder um jemanden zu treffen. Dies ist eine hervorragende Bühne zum Austausch mit anderen Wesen und zur Klärungsarbeit. Schaue dich erst einmal in diesem Raum um. Möglicherweise ist dein Herz eine kleine Rumpelkammer. Das zeigt dir, wie es im Moment in dir aussieht. Räum ein bisschen auf. Schau genau hin, was dort in Unordnung ist. Auch das kann dir Aufschluss geben, was dich im Moment bewegt. Wenn du alles so aufgeräumt hast, wie du es gern magst, dann richte dein Herz ein bisschen ein. Vielleicht liebst du es ländlich und zauberst eine kleine Bauernstube herbei. Oder du magst es gern licht und klar, und dein Herzensraum ist ohne Möbel, nur mit einem Sitzkissen und ein paar Kerzen ausgestattet. Der Raum deines Herzens hat noch einen weiteren Raum, den ich als „dein Heiligtum" bezeichnen möchte. Es ist der Raum des heiligen Höheren Herzens. Diesen solltest du erst dann betreten, wenn du den Hauptraum gut erkennen kannst und dort schon ein bisschen heimisch geworden bist. Mache diese Übung oft, besuche deinen Raum und komme dort zur Ruhe.

Der nächste Schritt

Wenn du dich ohne Probleme jederzeit in dein Herz begeben kannst und dich dort wohlfühlst, möchte ich dich mit deinem Höheren Selbst bekannt machen. Bitte begib dich in dein Herz, mache es dir dort bequem und dann erwarte dein Höheres Selbst. Dein Höheres Selbst kann sich nun materialisieren. Das kann in Form eines Goldenen Engels geschehen, eines hellen Lichtwesens oder als menschliche Gestalt, vielleicht als Mann oder als Frau beliebigen Alters. Manche Menschen sehen das Höhere Selbst auch so, wie sie selbst aussehen. Das ist eine sehr interessante Erfahrung. Dein Höheres Selbst wird dich nun begrüßen. Es reicht dir die Hände, oder es nimmt dich in den Arm. Möglicherweise verschmelzt ihr sogar miteinander. Nimm dir Zeit, diese Verbindung aufzubauen. Jetzt besteht die Möglichkeit zur telepathischen Unterhaltung. Die Botschaften deines Höheren Selbst kommen als Gefühl oder als Gedanke zu dir. Ich lass dich jetzt ein bisschen probieren. Diese Verbindung ist nun hergestellt, doch du musst sie weiter pflegen und immer wieder in diese Begegnung hineingehen. Dein Höheres Selbst wartet geduldig auf dich und weiß, dass die ersten Schritte nicht einfach sein können. Habe Geduld und Vertrauen. Das ist *ein* Pfad der menschlichen Meisterschaft!

Eine Übung für dich: Der nächste Schritt

Bist du bereit zu einem weiteren Schritt in dein Höheres Herz? Wunderbar! Dann lass uns gemeinsam den Raum besuchen und erkunden, den wir gern als „heiligen Raum des Höheren Herzens" bezeichnen. Genau genommen liegt dieser Raum hinter dem Herzen schon in der Interdimensionalität. Ich sagte es schon, denn in deinem Höheren Herzen ist eine Vielfalt an Möglichkeiten versteckt, die du erkunden musst. Zuerst mag es so aussehen, als wäre dieses Höhere Herz einfach nur ein Raum, den man visualisiert. Später merkst du, dass es viel bewirkt, viel mit dir macht, wenn du öfter dort bist und dann auch mit deinem Höheren Selbst zusammentriffst. Du bist fröhlicher, freier, fühlst dich stärker, bist vielleicht sogar gesünder. In diesem Bereich deines Höheren Herzens hältst du dich in einem Umfeld hoher Schwingungen auf. Dort ist das Zuhause deiner Höheren Anteile oder, besser ausgedrückt: die Schleuse, die es möglich macht, mit ihnen in Verbindung zu treten. Diese Verbindung erhöht sofort deine Schwingung und diese Schwingungserhöhung geht nie wieder ganz verloren. Das wäre so, als wolltest du dich entlieben, das wird nicht funktionieren. Wenn du eine bestimmte Schwingungshöhe erreicht hast – im Äußeren wirst du das selbst gar nicht spüren –, dann bist du bereit für den Besuch in einem noch höheren Schwingungsbereich. Das ist der Raum des heiligen Höheren Herzens, der hinter deinem Herzen liegt. Jetzt lass uns in diesen Bereich eintauchen. Dafür lehne dich zurück, atme tief ein und aus und atme dann immer langsamer, bis du entspannt bist. Ich helfe dir dabei, aus deinem Gedankenwirrwarr herauszukommen. Dann gehe in den Raum deines Höheren Herzens, wie du es gelernt hast. Sieh dich dort um. Vielleicht ist dein Höheres Selbst schon da und will dich begleiten. Wenn dein Höheres Selbst nicht da ist, dann gehe allein auf Abenteuerreise. Halte Ausschau nach einer Tür zu einem weiteren Raum. Gehe zu der Tür und öffne sie. Tritt in den Raum ein ... oder in was immer du dort siehst. Alles Weitere ist mit Worten nicht zu beschreiben, du musst diese Erfahrung selbst machen. Hier ist alles möglich. Du kannst meditieren oder einen Blick auf deine Zukunftspotenziale werfen, du kannst kreieren und wirst wissen, wie du deine Schöpfung leicht in die Wirklichkeit bringst. Du kannst die Schwelle zu anderen Welten überschreiten. Hier gilt ebenfalls, dass sich alles so ergibt, wie es im Moment zu dir passt. Deshalb wird der Raum am Anfang wohl noch nicht alle geschilderten Möglichkeiten aufweisen. Aber mit der Zeit und zunehmender Häufigkeit deiner Besuche wirst du viel entdecken. Experimentiere einfach mit deinen Möglichkeiten. Wie du dir sicher denken kannst, ist dein Höheres Selbst der Lenker dieser Erfahrungen. Es weiß, was für dich bereits angemessen ist und womit du noch ein bisschen warten solltest.

Barbaras persönliche Erfahrungen

Meine Erfahrungen im heiligen Raum des Höheren Herzens sind vielfältig und es ist auch jedes Mal anders. Natürlich wiederholt sich ein gewisser äußerer Rahmen, aber was geschieht, ist immer neu. Der Raum meines Höheren Herzens ist meist ein runder, ganz in Rot gehaltener Raum. Dort stehen eine rote Ledercouch, ein roter Ledersessel und ein kleiner Tisch. Anfangs habe ich da einfach nur gesessen und die Ruhe genossen. Dann entwickelten sich zwei Fenster in dem Raum, die sich öffnen ließen. Wenn ich hinausschaute, sah ich je ein Raumschiff in Zigarrenform, ganz altmodisch, wie ich sie einmal in einem Comic gesehen hatte. An ihnen waren große Transparente angebracht, auf denen immer die Botschaft stand, die gerade zu meiner Situation passte. Einmal trat ich in den runden Raum und plötzlich war da eine Falltür mit einer Rutsche. Ich landete in einem Urwald. Den durchquerte ich nach einigem Überlegen und kam ans Meer. Dort wartete ein Delfin auf mich, der sich lange mit mir unterhielt. Das Thema war: die Vernetzung der Erde. Das war besonders schön. Ich hatte dann eine Begegnung, die sehr intensiv war: Ich ging ins Herz und sah in der Ecke eine Tür. Die öffnete ich und kam in einen sehr kleinen Raum, dessen eine Wand ein großer Fernseher war. Davor stand ein bequemer Liegestuhl, der mich einlud, es mir gemütlich zu machen. Dann ging der Film auch schon los, und ich sah Situationen aus meinem Leben, die ich noch nicht verdaut hatte. Das war eine sehr intensive Begegnung mit mir selbst.

Einmal rutschte ich wieder durch die Falltür und kam in einen Raum, in dem mehrere Bilder hingen. Sonst war der Raum leer. Ich konnte ein paar Bilder erkennen. Es waren Portraits. Die Menschen waren mir zum Teil bekannt. Ich konnte mit diesen Bildern jedoch nicht sonderlich viel anfangen. Ich fragte mich, was das sollte. Später stellte ich fest, dass ich den Menschen auf diesen Bildern genau in der Reihenfolge begegnete, in der die Bilder gehangen hatten. Einige Begegnungen verliefen recht unspektakulär, bei Zweien hingegen ging es um die Auflösung alter Verbindungen und Muster.

Ich besuche mein Höheres Herz sehr oft, meist abends im Bett. Manchmal beginne ich eine Reise, schlafe dann aber dabei ein. Am nächsten Morgen kann ich mich oft nur bruchstückhaft oder gar nicht mehr erinnern, was geschehen ist. Wer weiß, wo ich überall gewesen bin!

11

Sexualität, die göttliche Schöpferkraft

Die göttliche Schöpferkraft im Steiß des menschlichen Körpers ist die zweite wichtige Verbindung zur Quelle allen Seins, die ich hier beschreiben möchte. Der Mensch ist mit dem Höheren Herzen und mit der Schöpferkraft, die im Steißbein verankert ist, immer verbunden. Wie die Kraft des Höheren Herzens ist auch die Schöpferkraft dem Menschen meist nicht bewusst. Auch dir, geliebter Mensch, möchte ich ans Herz legen, dich nun mit dieser Kraft näher zu beschäftigen. Du hast sicher schon darüber gelesen, aber bewusst damit umgegangen bist du sicherlich nicht. Vielleicht hast du ein bisschen experimentiert, so wie wir es im letzten Band *(Der göttliche Weg)* angeboten haben. Oder du hast dich auf andere Weise damit beschäftigt. Aber du hast es sicherlich nicht in deinem täglichen Leben umgesetzt. Ich möchte dir in diesem Kapitel deine eigene Schöpferkraft noch näher bringen. Zu Beginn bitte ich dich, deine Konzentration auf deinen Steiß zu lenken. Während ich weitererzähle, kannst du nachspüren, wie die „Kundalini-Energie", so wird die Schöpferkraft im Steiß genannt, sich in deinem Körper in Bewegung setzt. Lass das bitte spielerisch geschehen. Konzentriere dich jetzt einige Augenblicke lang auf deinen Steiß, werde dir dieses Teils deines Körpers bewusst. Lass dann wieder los und lies weiter. Während du liest, wirst du merken, dass die Energie sich langsam bewegt. Ich erlaube mir, ein wenig nachzuhelfen.

Die Kundalini-Energie wurde von den hohen Schöpferwesen, die die menschliche Struktur, den göttlichen Adam Kadmon, das Ebenbild Gottes, vor langer Zeit erschufen, gut verpackt im Steiß untergebracht. Der menschliche Körper ist ein geniales Konstrukt. Wenn du dich einmal ganz frei von Wertungen mit ihm beschäftigst, wirst du mir recht geben. Er ist ein sehr komplexes Gebilde, wahrlich höchste Schöpferkunst! Dieser Körper ist ein Mikrokosmos des gesamten Kosmos. Alles, was im großen Kosmos vorhanden ist, gibt es in deinem Körper auch. Deine Organe sind die Planeten, deine Meridiane sind die Verbindungen der Planeten untereinander und die göttlichen Energieleiter. Deine Kundalini ist mit der des gesamten Sonnensystems verbunden. Die Erde selbst hat übrigens auch eine Kundalini-Energie, die bis vor einigen Jahren in Tibet verankert war. Jetzt ist sie nach Südamerika gewandert, passend zur Umwandlung der Erde und des gesamten Sonnensystems. Die Verankerung in Tibet war für das Sonnensystem nicht mehr angemessen. Analog zur Schwingungserhöhung der Erde und zur Neuausrichtung der Pole wurde auch die Verlagerung der Kundalini notwendig. Der alte Ort war nach der Veränderung der Erde nicht mehr passend. Seit einigen Monaten hat sie ihren Weg in Richtung der Anden vollendet. Dieses Thema behandeln wir bei anderer Gelegenheit ausführlicher.

Jetzt wollen wir gemeinsam die Funktion deiner Kundalini näher beleuchten. Bei einem nicht erwachten Menschen liegt sie zusammengerollt im Steißbereich. In den mystischen Schriften der alten Weisen wird oft der Vergleich zu einer Schlange gewählt. Genau genommen sind es zwei Schlangen – eine solare und eine lunare, genauso wie du in deinem Körpersystem und in deinem ganzen Sein das Männliche und das Weibliche hast. Das Ziel jedes galaktischen Menschen ist es, seine Männlichkeit und seine Weiblichkeit zu vereinen. Diesen Prozess nennt man „Chymische Hochzeit". Jeder Mensch nimmt sie unterschiedlich wahr. Die Chymische Hochzeit geschieht bei einer bestimmten spirituellen Entwicklungsreife, und zwar meist durch einen großen Stoß der Kundalini-Energie, die nach oben schießt. Du musst dir vorstellen, dass die beiden Schlangen sich zusammen nach oben bewegen. Ihr Ziel ist der Bereich in der Mitte deines Kopfes, die Zirbeldrüse. Der Boden der Zirbeldrüse bildet bei diesem Prozess so etwas wie einen Kelch. Die beiden Schlangen steigen an zwei Kanälen, die neben der Wirbelsäule liegen, hoch. Sie steigen durch das unterste Chakra auf und kreuzen sich. Sie steigen dann weiter ins nächste Chakra und kreuzen sich wieder, bis sie oben angekommen sind. Dadurch werden die Chakren ganzheitlich stimuliert und steigern ihre Tätigkeit. Dieser Vorgang bleibt nicht unbemerkt. Eine große Welle der Aktivität durchströmt dich, vielleicht mit einem Hitzegefühl oder mit einem Wohlgefühl. Oben im Kopf angekommen, stülpen die Schlangen ihre Köpfe über den Kelch und sondern eine Flüssigkeit ab. Das ist ein chemischer Prozess, der zu einer besonderen Reaktion führt: Sie leitet die göttliche Ekstase ein. Dieser Prozess ist dem Menschen auch in der Sexualität gut bekannt. Die Geschlechtsorgane werden stimuliert und es kommt ein chemischer Prozess in Gang, der das Aufsteigen der Kundalini bewirkt. Die meisten sexuellen Vereinigungen sind sehr kurz. Ihr Menschen sprecht dann von einem „Orgasmus". Dabei schnellt die Kundalini nach oben und sondert ihr Sekret ab, und wenn die beiden Flüssigkeiten sich vereinigen, entsteht eine kurze Explosion. Bei einem kurzen sexuellen Akt verpufft diese Explosion allerdings schnell wieder.

Um diese kurzen Eruptionen zu verlängern, bedarf es in einer Partnerschaft großer Feinfühligkeit. Es beginnt damit, die Körperzonen des Menschen, des Mannes sowie der Frau, zu studieren. In guten Tantra-Büchern wird das ausführlich beschrieben. Es lohnt sich wirklich, sich damit näher zu befassen. Denn bei diesem Studium geht es nicht nur darum, den sexuellen Höhepunkt zu verlängern, sondern auch darum, in Kontakt mit der eigenen Göttlichkeit zu kommen. Wer mehr über die erogenen Zonen des Menschen weiß, kann damit an sich selbst probieren, was es in ihm auslöst. Wo liegen die Stellen des Körpers, die besonders liebevoll und sanft behandelt werden wollen, um dann in einem kurzen Moment, beinahe schon überreizt, eine andere Seite der Stimulation zu zeigen? Erregung und die Süße eines kurzen, fast schmerzhaften Genusses liegen nicht weit auseinander. All das gilt es zu erforschen. Die Kundalini-Energie kann ohne direkten geschlechtlichen Kontakt stimuliert werden, wenn du durch Streicheln, Liebkosen und totale Annahme deine eigene göttliche Kraft entfachst. Die wichtigste Komponente ist das Fallenlassen und das Vertrauen. Hilfreich ist es, die Kunst des richtigen Atmens zu beherrschen. Dieses Thema in diesem Kurs ausführlich zu behandeln ist nicht mein Dienst. Ich möchte dich aber ermuntern, dich selbst zu erforschen, denn in deinem Körpersystem liegen viele Tore zu anderen Dimensionen. Die Chakren sind zum Beispiel große Tore zu den verschiedenen Ebenen. Experimentiere mit ihnen. Erkunde durch Streicheln deines Körpers deine Gefühle für das Bewusstsein „Körper". Da passt wirklich die Frage: „Wer bin ich eigentlich? Bin ich nur Mensch?" Die Erkundung des eigenen Körpers und das Annehmen sind die besten Voraussetzungen für ein ganzheitliches Wahrnehmen des Seins. Wenn du deinen Körper besser kennst, kannst du dich in ihm wohlfühlen. Sexualität ist eines der am meisten missverstandenen Themen der heutigen Zeit. Wer von den Menschen weiß wirklich, was Sexualität ist? Vielfach ist das Wissen auf den kurzen sexuellen Kontakt beschränkt, der in den meisten Menschen mit Erfahrungen aus anderen Leben behaftet ist. Diese Erfahrungen verzerren das Erleben der Sexualität. Missbrauch, Vergewaltigungen, Hexenverbrennungen, schwarzmagische Rituale, Versuche in Atlantis mit der Sexualität und vieles mehr sind im Emotionalkörper der Menschen gespeichert und natürlich auch im Massenbewusstsein. Daran ist das heutige Erleben der göttlichen Kraft ausgerichtet. Die Werbung, das heutige Bild der Familie und des Staates tun ein Weiteres, um das Heilige Ritual, die Verbindung mit der hohen Göttlichkeit, zu verschleiern.

Ich möchte dich bitten, deinen Körper tief zu erkunden. Dabei geht es nicht nur um die Kundalini-Energie oder die Geschlechtsorgane. Sprich mit deiner Leber, deinem Magen, deinem Hals, deinen Augen. Frage sie und erkunde, wie sie zu deiner Sexualität stehen, wie sie in Verbindung mit dem Bauch, mit den Geschlechtsorganen stehen. Guck in dein Herz hinein, das ist ganz wichtig, und entdecke, welche alten Prägungen dich diesbezüglich noch in Schach halten und verhindern, dass du deine göttliche Sexualität frei leben kannst.

Es ist nicht von Belang, ob du in einer Partnerschaft lebst oder allein bist. Die Befreiung der Sexualität betrifft alle Menschen. Seinen eigenen Körper muss man nicht im Rahmen einer Partnerschaft erkunden. Jeder kann sich selbst erforschen und als das erkennen, was er wirklich ist: ein göttliches Wesen.

Zurück zur Kundalini-Energie. Wir haben im letzen Band schon darüber gesprochen und auch eine Übung angeboten. Mir ist dies aber im Zusammenhang zum Höheren Selbst und der Verbindung zu Allem-was-Ist so wichtig, dass ich es hier nochmals behandeln möchte. Wir wollen jetzt gemeinsam die

Kundalini nochmals in Aktivität versetzen. Ich möchte dir zeigen, wie es ist, ganz in diese göttliche Ekstase einzutauchen. Ich habe, während du hier gelesen hast, deine göttliche Kraft schon ein bisschen erweckt. Kannst du es fühlen?

Mache es dir bequem, konzentriere dich auf deinen Steiß und beginne, tief zu atmen. Beim Atmen konzentrierst du dich auf deinen Beckenboden. Es spielt keine Rolle, ob du ein Mann oder eine Frau bist, das ist bei beiden gleich wirksam. Du atmest tief ein und atmest in den Beckenboden hinein aus. Das wiederhole einige Male, bis du ein wohliges Gefühl in deinem Becken hast. Am Rande bemerkt, ist diese Atemübung auch gut, um das untere Chakra zu stärken. Das ist besonders empfehlenswert, wenn du gerade in Grundsatzthemen steckst, die mit Vertrauen und tiefem Gottvertrauen zu tun haben! Während du atmest, unterstütze ich dich, indem ich den beiden „Schlangen", so wollen wir sie weiterhin nennen, helfe, zu erwachen und sich zu rekeln. Mit ein bisschen Vorstellungskraft wirst du diese Schlangen wahrnehmen und ihre beginnende Aktivität spüren und sehen. Deine Gefühle, die du jetzt hast, sind sexuelle Gefühle. So hast du es in den Anfängen einer partnerschaftlichen Begegnung sicher kennengelernt. Ich darf dir versichern, dass viele Menschen diese Gefühle gar nicht kennen. Viele Menschen haben durch diese alten Erfahrungen nicht nur um das Herz, sondern auch um ihren Steißbereich Membranen gelegt. Diese Blockaden können durch Atmung und die reine Absicht, sie loszulassen, aufgelöst werden. Kein Mensch muss heute noch in alten sexuellen Prägungen festste-

cken. Man kann sie einfach loslassen, die Energie der Goldenen Welle hilft dabei. Der Mensch braucht keine Therapie zu machen, um sexuellen Missbrauch zu klären. Die reine Absicht und der feste Wille, einen anderen Weg, nämlich den der Freiheit einzuschlagen sind ausreichend. Ich erlaube mir, deine Prägungen jetzt fortzunehmen, soweit es passend und angemessen ist. Spüre die wundervolle Energie in deinem Beckenbereich und genieße sie.

Diese Übung stärkt außerdem die Eigenliebe. Sie zeigt dir, welch ein wundervolles Wesen du bist. Wer sich so gut fühlen kann, muss sich im weiteren Leben nicht mehr wertlos fühlen, oder? Die Schlangen sind erwacht und bereit, ganz aktiv zu werden. Du atmest fleißig weiter und spürst dabei, dass die Schlangen deine Wirbelsäule entlang nach oben steigen. Sie kreuzen sich im ersten Chakra. Das wirst du nicht unbedingt spüren und das solltest du auch nicht krampfhaft wollen; es bringt dich nur aus deinem schönen Gefühl und deiner Gelassenheit. Die Schlangen als Träger der göttlichen Energie wissen, was zu tun ist. Sie tragen diese Energie hinauf in deinen Kopf. Und nun wird es spannend: Wenn die Schlangen ganz oben im Kopf sind und dort vielleicht ihre Essenz abgeben – was übrigens nicht immer gleich der Fall ist –, wirst du eine Steigerung des wonnigen Gefühls erfahren und in eine Ekstase hineingleiten. Dieser Höhepunkt – und das ist das Wunderbare an dieser Begegnung – wird nicht kurz sein und dann wieder verebben. Wenn du in diesem Atemprozess bleibst und alles ganz gelassen hinnimmst, verweilst du für lange in diesem Höhepunkt. Manche Menschen erleben dies stundenlang. Interessant ist, dass sich dabei die Zeit aufhebt. Du bist in einem zeitlosen Raum. Du bist jetzt da, wo du sein solltest. Ich helfe dir, das zu empfinden und zu erreichen, was bei dir möglich ist. Vielleicht bist du schon oben im Kopf und genießt das Gefühl der Verbundenheit mit der göttlichen Energie. Du spürst dann die göttliche Einheit und wie sehr du in dem göttlichen Teppich allen Seins eingewoben bist. Fühlt es sich nicht wundervoll an, so von allem losgelöst zu sein? Alle Sorgen sind fort und erscheinen dir nicht mehr wichtig. Wenn du weiter in dieser Verbindung schwebst, erreichst du vielleicht den Raum der Stille. Dieses Stadium der ekstatischen Erfahrung ist nicht immer erreichbar. Das wirst du merken, wenn du übst. Manchmal kommst du hinein, manchmal gelingt es dir nicht. In dem Raum der Stille ist alles möglich. Hier haben früher die Schüler in den Tempeln jahrelang das Manifestieren geübt. Hier besteht die Möglichkeit göttlicher Erkenntnisse. Worte reichen nicht aus, dies zu beschreiben. Am besten ist es, du probierst selbst alles. Meine Unterstützung ist dir sicher.

Wenn du beim Üben einmal nicht so erfolgreich bist, solltest du nicht enttäuscht sein. Deine Verfassung ist dann sicher gerade nicht die richtige. Du bist vielleicht im Stress, unkonzentriert oder unruhig. Sei nicht traurig, probiere weiter, ich helfe dir gern. Diese Erfahrung braucht Zeit, Geduld und Vertrauen.

Der Raum der Stille liegt im Bereich der Interdimensionalität. Er ist nicht außerhalb von dir, er ist in dir selbst. Du bist in deinem eigenen heiligen Zentrum angekommen, das mit dem Höheren Herzen gleichzusetzen ist. Von hier aus kannst du weitere Reisen unternehmen, andere Geistwesen treffen, dich mit ihnen unterhalten. Du möchtest vielleicht die Venus besuchen oder du tauchst in deine tieferen Welten ein. Möglicherweise bist du mutig und gehst in deine Schattenwelten, die du noch nicht aufgelöst hast. Über den Raum der Stille kann man nicht mit Worten berichten. Du musst es selbst erfahren. Der Besuch dort ist ein weiterer Pfad der Meisterschaft, den es zu beschreiten gilt.

Eine Übung für dich

Ich empfehle selten Literatur, doch wenn du diesen Bereich besser verstehen willst, ist es sinnvoll, dir ein gutes Buch darüber zu besorgen. Auch deshalb, weil du vielleicht in einer Partnerschaft lebst, in der es bisher vielleicht nicht möglich war, über die Sexualität gemeinsam die Schöpferkraft zu entdecken. Es hat allerdings keinen Sinn, den Partner missionieren zu wollen. Ein offenes Gespräch über diese Belange wirkt oft Wunder, denn auch der andere hat sich sicherlich schon einmal Gedanken darüber gemacht.

In den Partnerschaften wird sich viel verändern, auch hier gibt es einen Wandel. Wer sich aus den alten Prägungen heraus begibt, bemerkt, dass auch die Sexualität neu entdeckt werden will. Alte Scham, Ängste, schmerzvolle Erinnerungen können entlassen werden. Ist es nicht eine wundervolle Zeit, die es möglich macht, diesen so wichtigen Aspekt des menschlichen Lebens neu zu entdecken? Sexualität zu leben heißt, dem GOTT in sich selbst näherzukommen. Das kann man gemeinsam in der Partnerschaft erleben, aber das ist keine Bedingung. Jeder Mensch kann mit sich selbst die göttliche Kraft in sich entdecken. Wichtig ist, das möchte ich noch bemerken, dass man das alles voller Liebe und Geduld und ganz sanft mit sich selbst und dem Partner gestaltet. Lieber einen Schritt weniger, lieber langsam sich dem Neuen nähern. Es ist wirklich eine heilige Verbindung, diese göttliche Kraft in sich selbst zu erwecken, und es sprengt auch eingefahrene Pfade, das darf ich dir versichern.

Viele der bekannten göttlich geführten Verbindungen, auch die von Jeshua beziehungsweise Jesus und Maria Magdalena, sind ein Beispiel für die Kraft der göttlichen Energie in Form der fließenden Kundalini. Wenn Jeshua nicht diese sehr weise Partnerin gehabt hätte, wären einige seiner wichtigen Schritte in seinen entscheidenden Jahren nicht so leicht oder erst später möglich gewesen. Die Möglichkeiten, in einer Partnerschaft gemeinsam die Pfade der göttlichen Kraft und der magnetischen Felder zu entdecken, sind grenzenlos. Durch das Vertrauen der Partner ineinander und die Offenheit füreinander ist es in der Vereinigung möglich, die magnetischen Felder, die auch zur menschlichen Befruchtung und zur Entstehung des Embryos genutzt werden, zur Stärkung des eigenen ätherischen Körpers zu nutzen. Dadurch wird viel Kraft und Energie frei, die Jeshua beispielsweise für seine Wunder brauchte. Er schöpfte aus der Urkraft, die seine Partnerin durch ihre weibliche Kraft gemeinsam mit ihm aufbaute. Das ist ein sehr schönes Thema, über das nicht viel gesprochen wird. Aber es ist an der Zeit, dies zu offenbaren und die Menschen zu ermutigen, damit zu experimentieren. Es kann nichts geschehen, was nicht geschehen soll, das darf ich dir versprechen!

Barbaras persönliche Erfahrungen

Die Übungen, die Kryon hier in diesem Band anbietet, sind mir gut bekannt. Er hat sie mir schon vor Jahren gegeben und ich habe damit bereits öfter experimentiert. Wir tun das auch manchmal gemeinsam in den Seminaren, wenn wir Platz haben, uns hinzulegen. Ich habe festgestellt, dass es sich im Liegen einfach besser üben lässt, weil man entspannter ist und die Gedanken besser loslassen kann. Wenn man viel geübt hat, ist die Verbindung zu den Schlangen sehr offen und die Energie fließt schnell. Ich stärke mich auch öfter mit der Kundalini-Energie. Ich lehne mich beispielsweise beim Empfangen und Schreiben der Botschaften öfter mal zurück, wenn der Körper ein bisschen schmerzt vom vielen Sitzen, und lasse die Energie fließen. Sofort fühle ich mich besser, frischer und klarer. Ich kenne Menschen, die dies auch dann tun, wenn sie kreativer sein wollen. Das ist außerdem sehr belebend, wenn man einmal wenig Schlaf hatte. Und es fühlt sich ganz einfach gut an, von der göttlichen Kraft durchströmt zu sein. Und was das Experimentieren mit der Schöpferkraft anbelangt, habe ich kleine Erfolge verzeichnen können. Das, was ich mit viel Liebe und Fokussierung im Raum der Stille auf den Weg der Manifestation geschickt habe, ist eingetroffen, nicht sofort, aber später. Es ist spannend, so die geistige Welt zu erforschen!

12

Selbst- und eigenverantwortlich das Leben gestalten

Wir sprechen in der geistigen Welt oft von Werkzeugen, die wir euch an die Hand geben. Diese Werkzeuge sind Dinge, Möglichkeiten oder Sichtweisen, die du verwenden kannst, um dich stärker in diese neuen Ebenen, in die Neue Energie hineinzubegeben. Es ist nicht mehr die Zeit, sich an die alten Informationen zu halten, die in vielen alten Schriften propagiert werden. Alle Informationen, die in die drittdimensionale Ebene gegeben wurden, haben ihre Daseinsberechtigung. Vieles ist allerdings mittlerweile ein bisschen antiquiert. Wir wollen das näher beleuchten: Schau einmal in die alten mystischen Schriften, egal ob es die der östlichen oder die der westlichen Welt sind. Alle versuchten, mit vielen Mitteln und Methoden in Kontakt mit der geistigen Welt zu kommen. Sei es, um zu kommunizieren, sei es, um in die Zukunft blicken zu können oder um die hohen Energien zu erleben. Es gibt noch viele andere Gründe, diesen Kontakt zu erreichen. In den letzten tausend Jahren war es sehr schwer, in diese Verbindung zur geistigen Welt zu kommen. Es ging nur unter bestimmten Bedingungen und Voraussetzungen. Meist brauchte man einen Lehrer, der einen Stück für Stück in die Welt des Geistes einführte. Viele Zirkel gehen heute noch diesen Weg und es gibt auch weiterhin Mysterienschulen. Aber auch diese geheimen Schulen haben eingesehen, dass es nun an der Zeit ist, das Geheimwissen zu offenbaren und in das tägliche Leben zu integrieren. Wie sonst sollen sich die Menschen weiterentwickeln? Denn ihre Fragen sind nicht beantwortet und sie sind nicht mehr bereit, dieses Leben nach den vorgegebenen Dogmen zu leben. Sie stellen alle Informationen und Lebensdoktrinen, die ihnen von der Kirche oder anderen Religionsgemeinschaften, dem Staat oder der Familie vorgelegt werden, infrage. „Warum bin ich hier? Was oder wer bin ich eigentlich?", das sind die wichtigen Fragen der Menschen. Egal, in welchem Land sie sich befinden und in welcher Gemeinschaft sie leben.

Natürlich kannst du die vielen alten Bücher studieren, die im Laufe der Zeit geschrieben wurden, aber eigentlich ist das nicht mehr notwendig. Du selbst bist der Träger allen Wissens. Es liegt in deiner DNS. In bestimmten Strängen der DNS ist die Akashachronik enthalten. Sie enthält das gesamte Wissen über die Erde und über jeden Menschen. Diese interdimensionalen DNS-Stränge stehen in Verbindung mit den DNS-Strängen des Sonnensystems, die das gesamte Wissen in sich tragen und es an dich weitergeben. Hier zeigt sich wieder, dass du ein Mikrokosmos im Makrokosmos bist. Da ist es doch sinnvoll, dass du dich nun dieser Interdimensionalität öffnest und dir das Wissen selbst holst, nicht wahr? Wie das funktioniert? Ganz einfach: Erziehe deinen niederen Verstand dazu, sich dem göttlichen Geist zu öffnen. Er wird sich wohl oder übel an deine Wünsche halten, wenn du ihm immer wieder nahelegst, sich an diesen göttlichen Computer anzuschließen. Ich gebe dir gern ein Beispiel: Wähle einen Begriff, über den du mehr wissen willst. Vielleicht den Begriff „schwarze Löcher". Zuerst wird dein niederer Verstand das Wissen freigeben, das sozusagen an der Oberfläche liegt, also all das, was du in den letzten Jahren darüber gelesen oder gehört hast. Dann solltest du ihn anstupsen, um mehr Wissen aus dem höheren Geist anzufordern. Vielleicht dauert es einige Momente, bis er das tut, weil er irritiert ist und nach diesem Wissen selten gefragt wird. Aber dann wirst du plötzlich fühlen, wie Gedankenströme in deinen Geist hineinfließen, die noch mehr Informationen über die schwarzen Löcher enthalten. Vielleicht geschieht dies sogar, indem ein liebes Wesen sich mit dir darüber unterhält. Nebenbei bemerkt: Kannst du dir vorstellen, dass es früher eine ganz andere Art des Lernens gab? Es wurden keine Bücher gelesen. Das Wissen wurde entweder geistig aus den schon vorhandenen Büchern oder aus anderen Datenträgern „gescannt" und von dir direkt aufgenommen. Oder man hat sich telepathisch mit jemandem verbunden, der einem sein persönliches besonderes Wissen vermitteln wollte. Das kannst du auch heute noch so machen. Der andere sendet dir dann das Wissen einfach herüber. Dein eigenes System ist in der Lage, es aufzunehmen und zu speichern und bei Bedarf einfach zu aktivieren.

Wir sprachen schon darüber, dass im Moment nur relativ wenig von deinem interdimensionalen Gehirn genutzt wird. Aber die gute Nachricht ist, dass du auf deinem Weg zur Interdimensionalität gerade umgearbeitet wirst. Deine vielen Helfer arbeiten an dir. Sie erweitern die Kapazität deines Gehirns und verbinden die Synapsen neu, sodass du sehr viel mehr Wissen aufnehmen, kombinieren und – wenn du es brauchst – anwenden kannst. Wenden wir uns nun noch einmal den vielen Hilfsmitteln zu, die angeboten werden, um die geistige Welt näher zu erfahren. Was glaubst du, ist notwendig, um mit uns in Verbindung zu kommen? Du könntest Mantren aufsagen und Mudras mit den Fingern machen. Du könntest viel beten. Doch zu wem betest du? Eigentlich doch zu dir selbst, zu dem GOTT in dir, nicht wahr? Was gibt's noch in der Welt der Hilfsmittel? Du könntest einen weisen Menschen aufsuchen, der mittels Karten, des *I Ging* oder des Pendels versucht, Kontakt zu deinem Schutzgeist und zu deinem Höheren Selbst aufzunehmen. Du könntest bei Vollmond an Ritualen teilnehmen oder einen Schamanen aufsuchen, der tief in dich hineinschaut und dir etwas mehr über dich sagen kann. Du könntest vielleicht noch tiefer in deine Meditationen gehen. All das könntest du tun, alles ist geehrt und geliebt und hat seine Daseinsberechtigung. Aber wenn du mich fragst: „Kryon, wie komme in Kontakt mit dir oder anderen geistigen Meistern?", dann würde ich dir ganz einfach empfehlen: „Begib dich in die Neue Energie!" Und wenn du mich fragst: „Wie komme ich in die Neue Energie?", dann sage ich dir: „Das ist noch einfacher, als es aussehen mag: Sei in reiner Absicht." „Das reicht aus, um GOTT und die Schöpfung näher kennenzulernen?", fragt du mich dann vielleicht noch. Es ist nur ein Schritt jetzt in dieser herrlichen Ära der Erde, um mehr über die Welt und über GOTT zu erfahren. Ein Schritt reicht aus, um sich in unsere Welt zu begeben und um den Schleier zu lüften. Sei sicher, wir sehen dies aus unserer Warte und wissen: Aha, wieder ist ein Mensch erwacht und gestattet uns, ihm das näherzubringen, was er wissen muss. Wir sind bereit und walten unseres Amtes. Mehr ist nicht zu tun, um in Kontakt mit der geistigen Welt zu kommen. Das glaubst du vielleicht nicht. Aber wie wäre es, wenn du den ersten Schritt wagtest? Du hast nichts zu verlieren. Wirklich nicht. Ich weiß es.

Jetzt ist die Zeit, von der die alten Weisen sprachen, von der sie nicht wussten, was geschehen könnte, sondern nur, dass alles anders werden würde. Jetzt ist die Zeit für außergewöhnliche Schritte und für Quantensprünge. In den ersten Schriften, die ich diktierte, war die Rede von einem „Neutralen Implantat", das man erbitten sollte, weil dann der Weg frei sei für die Neue Energie. Diese Formulierung ist nicht so glücklich gewählt, bedeutet es doch eigentlich, einen Fahrschein für eine Reise in die Interdimensionalität zu lösen. Natürlich ist diese Reise abenteuerlich und birgt gewisse Erfahrungen, die du bisher noch nicht hattest: Dein Körper wird verändert, angepasst an die Neue Energie, die jetzt aus der Zentrale der Galaxie auf die Erde kommt. Dein Gehirn wird, wie besprochen, verändert, deine ganzen alten Prägungen werden in die Waagschale gelegt und mit viel interdimensionaler Energie und der allumfassenden Liebe ausgeglichen. Das geschieht durch energetische Helfer. Deine „Arbeit" ist es, dass du deine Muster erkennst. Immer dann, wenn das geschieht, wird einer dieser Helfer und Genspezialisten dein Feld ausgleichen. Das bemerkst du oft gar nicht. Du stellst nur fest, vielleicht nach einer unruhigen Nacht, dass deine unangenehmen Gefühle am nächsten Morgen weg sind oder ein Schmerz sich aufgelöst hat und du dich wunderbar fühlst. Du bemühst dich darum, deine alten Erziehungsmuster und Erfahrungen aus diesem Leben anzuschauen und dir klar zu machen, dass sie dich prägen. Im Gegenzug schaffen wir Begebenheiten, die dir die Chance geben, sie neu zu beleuchten und loszulassen. Wir holen die alten Muster aus anderen Leben nach oben und klären sie mit dir gemeinsam. Manchmal sind sie mit vielen anderen Situationen verquickt, und es dauert eine Zeit lang, dies alles zu entwirren und loszulassen. Du kommst langsam aus deinen Denkmustern heraus und erkennst das Leben hinter dem Horizont deines täglichen persönlichen Daseins. Nun entwickelst du den Wunsch, diesen Horizont zu erkunden. Du stellst fest, dass du deine Begrenzungen aufgeben kannst. Du merkst, dass die Dinge, die sich dir als fest und starr gezeigt haben, variabel und veränderbar sind. Du nimmst nicht mehr hin, dass kein Geld auf dem Konto ist, sondern sagst dir: „Es kommt das zu mir, was ich brauche, und ich bin mir sicher, dass es nicht unbedingt über das Konto geschieht. Es ist einfach da, wenn ich es brauche. Für mich ist gesorgt, das weiß ich. Mein Höheres Selbst kennt meine Bedürfnisse und wird das Entsprechende veranlassen."

Das ist der erste Schritt in die Interdimensionalität. Es ist nicht so, wie es scheint, du bist nicht machtlos. Du bist der Herr deines Lebens, und mit dem Höheren Selbst ist es nun möglich, das Leben so zu gestalten, wie es jetzt angemessen ist. Du musst verstehen, dass das Leben von Minute zu Minute neu ausgerichtet werden kann. Dazu brauchst du nicht lange zu überlegen. Du öffnest dich der Interdimensionalität deines Höheren Selbst, sei es durch das Höhere Herz, durch den Raum der Stille oder, wenn du schon fortgeschritten bist, durch Kommunikation. Du bist damit im Raum der unbegrenzten Möglichkeiten. Das kannst du dir nicht vorstellen? Ich weiß, dass es so ist. Deine nächsten Schritte, geführt durch mich oder durch dein Höheres Selbst, werden es dir beweisen. Vertraue einfach. Was hast du zu verlieren, wenn du dich auf den neuen Weg einlässt? Schlechter kann es nicht werden. Ungewöhnlich wird es, das kann ich dir versprechen. Viele Dinge, die früher einer langen Zeit der Vorbereitung bedurften, werden plötzlich und recht unspektakulär in dein Leben treten. Ich will dir ein Beispiel nennen:

Du suchst eine andere Wohnung und denkst gerade darüber nach, wie du am besten etwas Passendes findest. Durch eine Anzeige in der Zeitung, durch das Internet oder indem du es allen erzählst? Du beschließt, spazieren zu gehen, um dir das alles in Ruhe zu überlegen. Auf diesem Spaziergang bleibst du vor einem Geschäft stehen, in das du eigentlich gar nicht hineingehen wolltest. Aber wie von Zauberhand geführt, musst du einfach da hinein. Du unterhältst dich mit dem Besitzer und erzählst ihm von deiner Suche. Das geschieht auch ganz eigenartig, denn du wolltest davon eigentlich nichts erzählen. Aber „es" sprach durch dich. Dann sagt der Besitzer: „Oh, das passt sehr gut, denn hier nebenan wird gerade eine Wohnung frei, die könnte Ihnen gefallen. Rufen Sie Herrn ... doch gleich einmal an." Ich brauche kaum noch zu erwähnen, dass dies natürlich genau die passende Wohnung ist, nicht wahr? Das sind die Synchronizitäten, die dein Leben jetzt begleiten werden. Mein neuer, jetzt sehr passender Lieblingssatz ist: Es fügt sich alles. So ist es.

Die Werkzeuge, die die Neue Energie mit sich bringt, möchte ich in ein paar Stichworte zusammenfassen. Sie lauten:

1. Denke nicht wie ein Mensch, sondern halte alles für möglich.
2. Vertraue dir selbst und den Ideen, die aus deinem Inneren nach oben kommen. Dies ist deine Intuition, auch „Bauchgefühl" genannt.
3. Wisse, du bist nie allein. Keinen Schritt gehst du ohne deine Helfer und deine göttliche Präsenz, dein Höheres Selbst und deine weiteren Höheren Selbste.
4. Entscheide immer aus der Gegenwart heraus und möglichst, ohne dabei die Vergangenheit mit einzubeziehen. Verstehe, dass dir umso mehr Potenziale zur Verfügung stehen, je klarer du bist. Eines davon wählst du aus.

5. In Verbindung mit deinem Höheren Selbst hast du die Erkenntnis, welches Potenzial die größte Kraft und Chance hat, dich deinem Lebensziel näher zu bringen.
6. Höre nur auf dich selbst, du weißt, was für dich gut ist. Dein Freund mag es gut mir dir meinen, wenn er dir einen Rat gibt. Aber er sieht deine Potenziale nicht.
7. Du brauchst keinen Schutz vor negativen Energien oder Energievampiren. Wer mit dem Höheren Selbst eng verbunden ist, ist immer geschützt.
8. Die Zeit des Kämpfens ist vorbei. Gegen wen willst du kämpfen? Alles, was nach Kampf aussieht, lässt sich von einer höheren Warte aus klären. Auch da gilt wieder: Nichts ist so, wie es scheint.
9. Jetzt ist die Zeit der Vollendung. Du bist komplett. Es gibt nichts und niemanden, der über dich bestimmt. Es gibt kein Schicksal mehr. Du bist der Pionier unter den Pionieren und stehst unter dem Schutz der höchsten Wesen dieses Sonnensystems. Werde dir deiner Göttlichkeit bewusst und lebe sie!

Mit diesen Werkzeugen lässt sich der Weg in und mit der Neuen Energie gut beschreiten. Lass dir nicht erzählen, irgendetwas sei vorherbestimmt. Du hast jederzeit die Möglichkeit, einen Schritt zu korrigieren. Nichts und niemand kann dich daran hindern. Genau genommen lebst du wirklich nur mit einem Bein in der dritten Dimension, mit dem anderen agierst du tatkräftig in höheren Dimensionen. Du dehnst die Zeit, du hüpfst von einer Realität in die andere. Du merkst es nur nicht.

Oft bist du erstaunt, wenn etwas geschieht, was du dir nicht hättest träumen lassen. Jetzt sagst du vielleicht: „Das ist ja alles schön und gut, aber ich bin mit meinem Höheren Selbst noch nicht so gut verbunden." Das möchte ich verneinen. Du bist schon verbunden, du warst immer verbunden. Jetzt hat dein Höheres Selbst seine volle Aufmerksamkeit auf dich gelenkt, um mit dir gemeinsam das weitere Leben auf den verschiedenen Erden bewusst zu gestalten. Das geschieht zu deinem Wohl, aber auch zum Wohle der anderen Menschen und zum Wohl der Erde! Du musst dir nur Zeit nehmen, die Verbindung zu festigen. Das kannst du mithilfe der Übungen tun, dir wir dir anbieten. Du kannst dich auch auf eine Parkbank setzen und Zwiesprache mit deinem Höheren Selbst halten. Vielleicht setzt sich ein Vogel an deine Seite und piept ganz munter drauf los. Du denkst dann sicher: „Oh, der ist ja ganz zahm!" Könnte es sein, geliebter Mensch, dass dein Höheres Selbst durch das Vögelchen zu dir gesprochen hat?

Wir geben dir hier eine weitere Übung zur Verbindung mit deinem Höheren Selbst:

Eine Übung für dich

Schließe deine Augen. Wir wollen jetzt dein Höheres Selbst besuchen. Wir wollen imaginieren und wählen dafür eine Wiese, die du dir vorstellst. Du stehst auf dieser Wiese. Nimm dich dort selbst wahr und sieh dir auch die Wiese genau an.

Jetzt siehst du, dass ein herrliches Wesen auf dich zukommt. Es ist dein Höheres Selbst. Nimm dir Zeit für diese Begegnung. Du wirst jetzt von deinem Höheren Selbst begrüßt. Vielleicht reicht es dir die Hände, umarmt dich oder verschmilzt sogar ein bisschen mit dir. Nun hast du die Möglichkeit, dich ganz dir selbst zu öffnen. Es ist besonders schön, diese lichte, hohe Energie zu fühlen, die dein Höheres Selbst mitbringt. Vielleicht ist das für dich das Schönste an dieser Begegnung. Genieße es einfach. Vielleicht hörst du auch eine Botschaft. Stelle deine Fragen, wenn das dein Hauptanliegen ist. Aber mein Tipp für dich wäre noch: Bitte dein Höheres Selbst darum, dir das zu sagen, was seiner Meinung nach jetzt am Wichtigsten für dich ist. Du hast vielleicht ganz andere Vorstellungen davon. Dein Höheres Selbst aber sieht alles von einer höheren Warte aus und kennt die Prioritäten. Dies ist eine weitere Möglichkeit, mit deinem Höheren Selbst in Verbindung zu treten. Auch wenn du anfangs noch nicht so klare Bilder empfängst, übe weiter – der Weg ist das Ziel. Du wirst Fortschritte machen, die Bilder werden klarer und die Botschaften auch. Vertraue bitte, das ist das Werkzeug, das du einsetzen solltest.

Barbaras persönliche Erfahrungen

Ich erinnere mich gern an die ersten Erfahrungen mit meinem Höheren Selbst. Das waren die tiefsten und sie haben mich sehr bewegt. Es gab eine Zeit, in der es mir privat und dementsprechend gesundheitlich nicht gut ging. Es fühlte sich wirklich so an, als wolle alles um mich herum zusammenbrechen. Heute weiß ich, dass es wichtig war, das zu erleben. Ich saß auf dem Sofa und hatte von Saint Germain, der mich damals sehr eng begleitete, die Aufgabe bekommen, mich auf eine Wiese zu begeben. Dann dirigierte er mich zu einem alten, verfallen Häuschen im Wald. Dort sollte ich hineingehen. Ich dachte, das könne sicher keine gute Erfahrung sein, die ich da machen soll, ging aber trotzdem brav hinein. Der Raum, in den ich kam, war ganz anders, als ich erwartet hatte. Er war nicht groß, aber ganz gemütlich. Es war eine schöne, bäuerliche Kate. Das Zentrum war eine Sitzgruppe, die vor einem brennenden Kamin stand. Ich fühlte mich sofort davon angezogen und suchte mir einen schönen Platz an diesem Kamin. Irgendwie war ich von innen her sehr durchgefroren. Sie kennen das sicher: Wenn man sich nicht gut fühlt, ist einem oft kühl. Das Feuer war wirklich zu spüren und ich genoss es sehr. Dann bemerkte ich, wie eine Gestalt den Raum erhellte, es war Kryon, mein Höheres Selbst. Ich habe ihn kaum je wieder so gesehen. Er erschien mir weiblich – als wunderschöne, mütterliche Frau – und setze sich zu mir. Wir machten es uns gemütlich und saßen einander zugewandt, die Füße aneinandergelegt, Fuß an Fuß. Wir haben eine Zeit lang nichts gesprochen; ich genoss die Energie, die durch die Füße in mich floss. Dann hörte sie sich mein Leid an und schenkte mir ein paar liebevolle Worte. Sie waren voll des Trostes und so liebevoll, dass ich weinen musste. Wir haben dort noch eine

Weile verbracht. Es war schon Abend und ich bin dann ins Bett gegangen und mit diesem schönen Bild eingeschlafen. Am nächsten Morgen ging es mir viel besser und ich war voller neuer Ideen!

13

Die Dritte Sprache

Der Mensch setzt sich auf seinem Weg zur Meisterschaft mit vielen Dingen auseinander, die für andere nicht nachvollziehbar sind. Das hängt damit zusammen, dass er immer häufiger aus der geistigen Welt inspiriert wird, sich neuen Bereichen zu öffnen. Wenn du dich mit jemandem verständigen möchtest, wählst du entweder die Möglichkeit, deine Botschaft direkt durch Worte auszusprechen, oder du greifst zu Papier und Stift. In der heutigen Zeit wohl eher zum Computer oder zum Handy. Diese zwei Arten der Kommunikation waren bisher eure Möglichkeiten, euch anderen mitzuteilen. Dass es in anderen, unsichtbaren Welten auch noch Bewusstseinseinheiten gibt, mit denen man kommunizieren kann, war euch Menschen bisher nicht bewusst. Die meisten alten Seelen, die heute inkarniert sind – es sind ungefähr zwei Prozent der Erdbevölkerung –, haben sich in anderen Leben schon intensiv damit befasst. Sie waren in den Tempeln oder in anderen heiligen Städten, um mit der geistigen Welt und ihrem eigenen Inneren in Kontakt zu kommen. Sie waren einem Meister an die Hand gegeben, um zu lernen, was in den alten Schriften steht und wie man die Schöpfung des einen höchsten Schöpfers zu verstehen hat. Das war oft ein schwieriges Unterfangen und endete vielfach mit dem Tod, weil die Initiationen so schwer zu bestehen waren. Die vielen Stufen, die die Schüler durchlaufen mussten, schlossen mit kleinen Zwischenprüfungen. Erst dann durften sie bewusst einen Schritt weitergehen. Das alles war ein langer Prozess und ging oft über viele Leben. Deine Schritte in anderen Leben sind sogar mit bestimmten Prägungen in dir gespeichert. Wenn du vielleicht in Ägypten reist und einen alten Tempel besuchst oder einen bestimmten Bereich betrittst, kommen Erinnerungen hoch. So manch einer der Erwachten fährt bewusst nach Tibet, nach Nepal oder er reist in die Rocky Mountains, um an alten Begegnungsstätten neue Impulse zu empfangen, um sich zu erinnern, wer er schon war und um herauszufinden, wer er wirklich ist. All das Wissen, gerade das über das außerirdische Leben, ist in dir gespeichert. Es ist in deinem Feld. Du brauchst es nicht im Außen zu suchen. Aber ich verstehe sehr wohl, dass solche Reisen auch wie eine besondere Initiation sein können, die man sich selbst auferlegt.

Was taten die Meister in den alten Zeiten, um ihre Schüler in die Kunst der Schöpfung einzuweisen? Sie lehrten das, was du jetzt – dem äußeren Anschein nach nur mit dir selbst – allein praktizierst: alte Muster und Prägungen zu entlassen. Sie offenbarten die Kraft der Gedanken und lehrten, sie zu kontrollieren.

Sie vermittelten die göttliche Ganzheit und zeigten behutsam, wie man damit agiert. Genau das machst du jetzt auch. Allerdings gehst du dabei durch große Höhen und Tiefen, denn oft weißt du gar nicht, worum es gerade geht, und hast auch keinen irdischen Meister neben dir, den du fragen kannst. Du kannst dich dann nicht in deine Kammer zurückziehen und darüber kontemplieren. Du hast nicht die Zeit, weil du deine alltäglichen Dinge zu erledigen hast. Ich möchte hier in diesem Zusammenhang meine Hand liebevoll auf deinen Kopf legen und dir noch einmal sagen: Du bist wahrlich geehrt und geliebt für diesen Dienst, jetzt hier auf der Erde zu sein! Du bist damals, in anderen Leben, durch viele Prozesse gegangen, die mithilfe des irdischen Meisters und seiner höheren Anteile so gelenkt und geführt wurden, wie es für dich gut war. Wenn du dich nun heute in diese Neue Energie begeben willst, um mit ihr dein Leben bewusster zu gestalten, dann hast du deinen Meister in dir selbst. Er ist in dir, deshalb ist niemand im Außen. Es gibt noch welche von euch, die nach Indien fahren und dort ihrem Meister huldigen. Ich möchte diese Damen und Herren Meister mit ihrer höheren Verbundenheit nicht in den Schatten stellen, aber es ist jetzt wirklich eine andere Zeit. Du bist der Meister deiner selbst. Wer soll dir sagen, was mit dir los ist, wenn nicht du selbst? Du gehst jetzt durch die Prozesse, die alte Meister und Gurus auch durchliefen, einige von ihnen seit ihrer Kindheit. Sie verlassen ihren Körper mehrere Male in einer einzigen Inkarnation, um an verschiedenen Plätzen durch verschiedene Körper zu wirken. Sie haben ihren Dienst, aber für dich, der du wahrlich auf eine neue Art erwachst, sind sie nicht mehr Meister. Du bist es selbst. Das soll nicht bedeuten, dass sie ihren Dienst nicht mehr erfüllen können. Für andere Menschen, die sie noch brauchen, die gerade erst erwachen und noch sehr schwankend sind, mag die Führung durch eine Meisterin oder einen Meister eine gute Hilfe sein. Wollte ich in Wertungen sprechen, würde ich sagen, die „Teenagerseelen" werden sicher einen Meister suchen, sich von ihm angezogen fühlen und ihn vielleicht sogar besuchen oder Kurse belegen, die in ihrer Nähe von seinen Jüngern angeboten werden. Auch das ist geehrt und geliebt. Nur für dich Pionier ist dies nicht mehr notwendig. Du bist dein eigener Meister. Er ist in dir und will nun mit dir verschmelzen. Dann wirst auch du bald wie die Gurus im Osten aus der Urmaterie Ringe oder andere Gegenstände formen. Das sind keine Wunder, es ist das göttliche Wissen, das umgesetzt wird. Jeder Guru oder Meister des Ostens oder des Westens ist mit seinem Höherem Selbst und meist mit noch höheren Anteilen verschmolzen. Sie können das „irdische Bein", von dem ich immer gern spreche, beliebig mit dem „interdimensionalen Bein" verbinden. Sie wandeln ohne Probleme in allen Welten. Sie haben ihre Gedankenkraft erkannt und ihre Gedanken diszipliniert. Das gilt ebenso für die Emotionen, die gern vom Emotionalkörper aus das Leben beeinflussen. Diese Meister haben ihre Emotionen erkannt, angenommen und sind ihnen deshalb nicht mehr ausgeliefert. Alle wichtigen Geschehnisse werden als Illusion eingestuft und schaffen es nicht, ungewollte Regungen hervorzurufen. Ein Meister jongliert mit verschiedenen Ebenen, ist aber gleichzeitig auch sehr präsent auf der Erde. Er kann an verschiedenen Plätzen zur selben Zeit sein, hat Zugang zu vielen Dimensionen dieses und weiterer Sonnensysteme. Er ist in der Lage, die Moleküle eines jeden Bewusstseinskomplexes zu verändern. Er schöpft aus dem göttlichen Feld der Einheit, aus der Urmaterie, alles, was ihm notwendig erscheint. Da er Verantwortung für seine Schüler und für die Umwelt hat, wird er es zum Beispiel nicht nach Lust und Laune regnen lassen. Weil er weiß: Alles hat seinen Zyklus. Er könnte es aber tun, wenn es etwa irgendwo lange nicht geregnet hat. Dann wird er aus seiner Verbindung zum Göttlichen heraus wissen, ob es angemessen ist, Regen zu erzeugen. Der Meister spricht nicht mit seinen Höheren Anteilen, er ist sie. Er handelt mit ihnen so, als sei alles Eins. Letztlich ist alles Eins, nicht wahr?

Dies im täglichen Leben zu erlernen ist die Aufgabe des menschlichen Wesens, der alten Seele, die jetzt hier inkarniert ist. Das tägliche Leben ist ein guter Lehrmeister. Du kannst den ganzen Tag üben, deine eigene Wahrheit zu leben, die Wahrheit deiner eigenen Göttlichkeit. Das beginnt jeden Morgen, indem du entscheidest, wie du den Tag beginnen willst: mit welchem Frühstück, mit welchen Gedanken? Wie willst du heute den Tag gestalten? Was ist deine Maxime für heute? Vielleicht möchtest du dich den Tag über weder von deinen alten Gedankenstrukturen noch von denen deiner Umwelt beeinflussen lassen. Du möchtest den Fokus auf dich selbst gerichtet halten und von dieser Warte jede Sekunde optimal, auf die göttliche Wahrheit ausgerichtet, gestalten. Es ist nicht leicht, den Weg der Meisterschaft im Alltag zu bewältigen. Aber jetzt hast du die große Chance, es effizienter zu tun, weil die Gelegenheiten so vielfach sind. Wir aus der geistigen Welt haben aus einer höheren Ebene den Auftrag, dir bei all diesen Schritten zu helfen. Wir brauchen nur ein Zeichen und schon sind wir die Unterstützer, die Lenker und die Inspiratoren für deine nächsten Schritte. Durch deine Entscheidung, in die Neue Energie zu gehen, hast du fast automatisch ein Heer von Helfern an deiner Seite. Das haben wir immer wieder gesagt. Du bist nicht allein. Du beschreitest den Weg der Meisterschaft mit uns gemeinsam. Das sollte dich beruhigen und du solltest vertrauen. Wir lassen dich viele Dinge auch allein probieren. Wir sind dann da, wenn es brennt, reichen dir die Hand und geleiten dich in die göttliche Sicherheit. Das kann ich dir versprechen. Aber dein Hauptfokus sollte auf dem Kontakt zu deinem Höheren Selbst liegen. Das möchte, wie auch die Meister in Ost und West es tun, immer mehr mit dir verschmelzen. Was könnte dir im alltäglichen Leben noch geschehen, wenn dein Höheres Selbst die Führung übernommen hat?

Da du noch mit alten Konditionierungen zu tun hast, mag dir der Weg recht schwer erscheinen, im Alltag in die Meisterschaft zu gehen. Auch weil er in der Familie lebt, ist der Mensch es gewohnt, jemanden an seiner Seite zu haben, der ihm sagt, wo es langgeht. Das ist die schwerste Hürde: zu erkennen, dass ich entscheide, was gut für mich ist. Ich brauche keinen anderen außerhalb von mir, der mir sagt, was zu tun ist. Viele Menschen schauen immer noch gern nach links und nach rechts, wie sich andere verhalten, und schließen daraus, was sie tun müssen, um anerkannt und geliebt zu sein. Den Weg allein zu gehen hat den Vorteil, dass man ein wundervolles Reich innerhalb seiner selbst entdeckt. Man kann Herr seiner Ängste werden, um dann die eigenen Potenziale zu erforschen, die vorher verdeckt waren. Der erste Schritt – den Mut zu haben, nach innen zu schauen – ist wohl der schwerste. Früher erforderte dieser Schritt lange Vorbereitungen. Es musste viel geübt werden, das eigene System rein zu halten; das ging mit Demut und Askese einher, dem damaligen Weg der Meisterschaft angemessen. Du musst heute nur in Demut vor dir selbst sein. Ziehe den Hut vor deinem eigenen Sein, deinem wahrlich göttlichen System, vor dem, was du wirklich bist. Du musst jetzt eigentlich nur den Mut haben, den Gott in dir anzusprechen, ihn zu rufen und ihm zu sagen, dass du bereit bist, dein Leben in seine Hände zu legen. Dann beginnt die Reise in ein großes Abenteuer, das kann ich dir versprechen. Dein Höheres Selbst wird Dinge in dein Leben führen, die wirklich abenteuerlich anmuten. Es hat eine andere, eine eigene Vorstellung davon, wie du dein Leben zu deinem Wohle und zum Wohl der Gemeinschaft leben sollst. Manchmal sind diese Wege anders als die, die du bisher beschritten hast. Sie nehmen keine Rücksicht auf falsche und angelernte Lebensweisen oder kleine Lügereien. Aber sie bescheren dir völlig neue Genüsse, Lebensfreuden und Erkenntnisse, die dir bisher verborgen waren.

Die Möglichkeit, mit dem Höheren Selbst in Kontakt zu treten, möchte ich als „Dritte Sprache" bezeichnen. Sie hat meist keine Worte, dann wäre das ja ein Kontakt wie ein Gespräch – sie wirkt ohne Worte. Dein Höheres Selbst wirkt durch deine Intuition. Du erlaubst deinem Höheren Selbst, sich in dir zu verankern, und tust oder sagst dann hin und wieder etwas, was du bewusst eigentlich gar nicht vorhattest. Aber, das ist das Interessante, es ist eine allumfassende Antwort aus ganzheitlicher Sicht, die dir oft nur nach einigem Nachdenken eröffnet worden wäre. Dein Höheres Selbst agiert direkt durch dich. Das bezeichnen wir als „Dritte Sprache". Der Beginn ist der Kontakt mit dem Höheren Selbst oder auch mit einem der geistigen Meister, denen du dich anvertraut hast. Vielleicht bittest du mich oder Erzengel Michael in einer brenzligen Situation um Rat und Hilfe. Diese Dritte Sprache kann auch ganz anders funktionieren. Stell dir vor, jemand drohe, von etwas hinunterzufallen, und du reichtest ihm deine Hand. Plötzlich bemerkst du, wie du Kräfte entwickelst, die wohl nicht von dir stammen, weil du diesen Menschen ganz leicht wieder zurückholst. *Es* hat durch dich gewirkt. Eine Energie aus höheren Ebenen hat dich unterstützt und dir die Kraft geschenkt, den Menschen zu halten. Wenn höhere Anteile, Aspekte und Wesen durch dich arbeiten, tun sie dies mit der Dritten Sprache. Das ist ein weites Feld, und wenn man etwas aufgrund einer Vorahnung tut, so kann man das als „Intuition" bezeichnen. Du tust plötzlich genau das Richtige, ohne es vorher zu überdenken. In diesen Fällen erhältst du deine Ideen aus höheren Ebenen, die durch dich wirken. Wir sind so nah wie nie zuvor, das macht es uns möglich, noch mehr im Dienste der Menschheit zu stehen. Es sei noch bemerkt, dass du selbstverständlich immer noch den freien Willen hast. Wenn du es nicht möchtest, dass dein Höheres Selbst oder andere dir zugeteilte Helfer dich unterstützen, ziehen wir uns selbstverständlich zurück, und du darfst den Weg der Meisterschaft allein beschreiten. Wobei „allein" nicht das treffende Wort ist, weil du ja nicht eine oder einer bist, sondern viele. Du bist in einem großen Feld mit Allem-was-Ist verbunden. Allein zu agieren, sich allein zu fühlen, das ist die größte Illusion. Und doch postuliert ihr Menschen das gern als eure Maxime. Sei es drum, ich bleibe bei dir, um dich eines Besseren zu belehren. Nicht als strenger Lehrer, sondern als liebevoller Bruder. Das gefällt mir viel besser!

Diese Dritte Sprache etabliert sich immer stärker. Stell dir vor, ein bekannter Politiker hatte sich vorgenommen, bei eine wichtigen Verhandlungen von einem bestimmten Standpunkt, der den Interessen seines Staates am meisten diente, nicht abzuweichen. Er wollte unnachgiebig den Kurs vertreten, den seine Partei und seine Berater ihm empfohlen hatten. Doch plötzlich verspürte er eine wohlige Veränderung in seinem Körper, bekam sehr gute Laune und fühlte in sich eine Präsenz, die ihm vermittelte, er müsse ein Stück von seiner Meinung abweichen. Und als er seine wichtige Rede halten musste, wich er von seiner Haltung weit ab und machte einen Schritt auf das andere Land zu. Sehr zu seinem eigenen Erstaunen zeigte er großes Entgegenkommen. Was meinst du, was da geschehen ist? Das Höhere Selbst hat ihm geholfen, ganzheitlich zu schauen. Während er sprach, hatte er durch die Dritte Sprache übermittelte Visionen, wie sich die Völker einander annäherten, er sah Frieden. Als er in sein Land zurückkam, gab es große Differenzen mit den inneren Kreisen seiner Partei und seinen Beratern. Aber nach einiger Zeit wurden die neuen Ideen doch akzeptiert. Du erahnst sicher, was da geschehen ist. Die Dritte Sprache ist es, die die Erde verändert, das verspreche ich dir!

Eine Übung für dich

Ich möchte dir zeigen, wie du dich mit deinem Höheren Selbst verbinden kannst, ohne deine Wiese oder dein Herz zu besuchen. Im Moment beginnen wir noch mit einigen vorbereitenden Schritten, damit du besser in die Übung hineinkommst. Aber eigentlich ist es so gedacht, dass du überall und ganz einfach mit deinem Höheren Selbst Verbindung treten kannst, egal wo du dich gerade befindest. Wenn du deinen Tag so gestaltest, wirst du große Überraschungen erleben, aber auch ein starkes Wohlgefühl verspüren. Dein Leben wird sich grundlegend in Richtung Genuss und Freude verändern. Schließe deine Augen und atme ein paar Mal ganz tief durch. Wir wollen jetzt nicht imaginieren, sondern einfach aus dem tiefen Sein heraus Kontakt zum Höheren Selbst aufnehmen, um einen Rat einzuholen. Konzentriere dich auf eine Sache, eine Begebenheit, die dir im Moment ein bisschen Sorgen bereitet oder die etwas aus dem Ruder zu laufen droht. Denke nur kurz an diese Sache, dann lass sie los und bitte dein Höheres Selbst um Rat. Sei ganz offen und entspannt. Die Antwort kann als Idee zu dir kommen, was du in der betreffenden Situation tun kannst. Vielleicht läuft ein kurzer innerer Film ab, der dir zeigt, wie es weitergehen könnte. Es könnte auch sein, dass dein Höheres Selbst dir einen Satz schenkt. Oder du fühlst etwas in deinem Herzen, was die Sache auflösen könnte.

Die Verbindung zum Höheren Selbst gestaltet sich bei jedem Menschen anders. Jeder Mensch erlebt sie individuell. Es gibt Menschen, die viel fühlen. Sie empfinden die Verbindung als ein starkes Aufbrausen von Energie im ganzen Körper oder als Hitze. Andere verspüren überhaupt keine besonderen Empfindungen, haben aber klare Bilder oder Visionen. Wieder andere erhalten kaum Bilder oder Visionen, sondern bekommen klare Sätze. Alles hängt von der jeweiligen Struktur deines jetzigen Körpers und von den vielen gespeicherten Erfahrungen ab. Entscheidend ist auch, wie weit der Mensch schon geklärt ist. Es hat daher keinen Sinn, in Wertung zu gehen und zu denken: „Ich wünschte, ich könnte die Botschaften so gut wie Barbara empfangen." Dafür hast du sicher andere Qualitäten, die Barbara nicht hat. Vertraue dir selbst, vergleiche nicht, dein Weg ist der Richtige für dich.

In Verbindung mit dem Höheren Selbst zu sein, auch um Sorgen zu klären, ist ein wundervolles Werkzeug in der heutigen Zeit. Warum solltest du allein etwas entscheiden müssen, wenn dein Höheres Selbst es ganzheitlich sieht? Wie alles, bedarf diese Verbindung der Übung. Nutze alle Gelegenheiten, um diesen Kontakt zu vertiefen. Das Ziel ist es, überall und jederzeit mit deinem Höheren Selbst verbunden zu sein. Vielleicht gelingt dir das Üben besser, wenn du in freier Natur spazieren gehst oder Fahrrad fährst. Jeder hat seine Vorlieben. Bleibt mir noch, zu sagen, dass diese innige Verbindung auch zu deinem Wohlbefinden beiträgt, denn dein Höheres Selbst erhöht durch seine Nähe deine Schwingung. Eine ständige bewusste Verbindung erhöht deine Schwingung immer mehr. Das ist sinnvoll, nicht wahr, und es ist die wichtigste Nachricht dieses Buches. Ein bewusster Gedanke, immer mal zwischendurch im Laufe des Tages an das Höhere Selbst geschickt, stellt eine tiefere Verbindung her und jede getrübte Stimmung wird sofort lichter. Das verspreche ich dir!

Barbaras persönliche Erfahrungen

Mir hat es im Laufe der Jahre besonderen Spaß gemacht, mit Erzengel Michael und Saint Germain „zusammenzuarbeiten". Saint Germain ist ein guter Berater in Sachen „Reinigung". Wenn ich anstrengende Gespräche hatte oder generell viel gearbeitet habe, bat ich Saint Germain um eine Reinigung. Ich spüre dann die Violette Flamme durch meinen Körper strömen, manchmal schießt sie sogar förmlich durch mich hindurch. Es kommt immer auf die Situation an. Manchmal muss ich nicht bitten, sondern es geschieht einfach. Ich spüre, wie eine Klarheit und oft auch eine Leichtigkeit in mich kommen. Ich muss dann manchmal direkt schmunzeln. Wenn ich Einzelsitzungen gebe, bin ich ganz mit Kryon verschmolzen. Er spricht durch mich und ich kann während des Gespräches alle Fragen der Klientin oder des Klienten beantworten. Aber nicht ich bin es, die antwortet. Es ist Kryon, der sehr weise und hilfreiche Antworten und Tipps geben kann, weil er meinen Gast ganzheitlich sieht. Mit Erzengel Michael kann man sehr gut schwierige Termine bewerkstelligen. Ich hatte einmal eine größere Steuernachzahlung zu leisten, die mir schwer im Magen lag. Deshalb wollte ich mit dem zuständigen Finanzbeamten sprechen. Ich habe Erzengel Michael gebeten, mich in das Büro des Beamten zu begleiten. Es war ein dunkler, recht schwer wirkender Raum, in dem ein älterer Herr saß, der nicht sehr freundlich schaute. Allerdings konnte ich das gut verstehen. Wer weiß, wie es mir selbst ergehen würde, wenn ich dort in diesen Energien arbeiten müsste? Nach ein paar Worten meinerseits spürte ich die Energie von Erzengel Michael. Er erhellte wirklich den Raum und hielt Einzug in mich und auch in den Herrn und unser Gespräch nahm eine Wendung. Er hat mir meine Steuer natürlich nicht erlassen, aber wir haben eine gute Lösung gefunden. Danach unterhielten wir uns noch über seine Enkelkinder. Eines davon fühlte sich sehr nach einem Kind der Neuen Zeit an. Ich durfte ihm sanft noch ein paar Tipps beziehungsweise andere Sichtweisen geben. Er bedankte sich sehr herzlich und wir verabschiedeten uns fast wie Freunde. Das war das Werk von Erzengel Michael und unseren Höheren Selbsten!

14

Die Heilkraft der Goldenen Welle

Seit der Harmonischen Konvergenz von 1987 strömt mehr göttliche Energie in bestimmten Facetten auf die Erde. An diesem Datum endeten gleichzeitig mehrere Zyklen, und es bestand die besondere Option, dass die Erde in eine andere Umlaufbahn und in die nächsthöhere Schwingungsebene gleiten kann. Ein großes Ereignis für Erde und Mensch! Das ist unvergleichlich, denn so etwas gab es noch nie, dass ein schwingungsmäßig so herabgesunkener Planet in kurzer Zeit einen so riesigen Sprung anstrebt. Seit dieser Zeit – und die meisten von euch spüren das – kommt mehr göttliche Energie auf die Erde. Das göttliche Licht, das die Urquelle repräsentiert, wurde vorher nur in geringen Dosen hierhergeleitet. Es wurde gefiltert und nur insoweit durchgelassen, wie es für den besonderen Spielplan der Erde passend war. Jetzt – und das ist wieder eine wichtige Information – strömt diese göttliche Energie durch das sich verringernde Magnetfeld der Erde mit größerer Stärke zu euch. Diese Stärke variiert. Es soll ein bestimmter Pegel erreicht werden, der für den großen Umschwung nötig ist. Diese göttliche Energie fließt in einer Qualität auf die Erde, die die Menschen vertagen. Sie ist von wahrlich höchster Ebene so dosiert, dass sie Erde und Mensch nicht schadet. Ein Zuviel könnte eher Zerstörung bewirken. Das göttliche Licht hat verschiedene Facetten, und jetzt wird für die Erde eine besonders zusammengestellte Mischung dieses göttlichen Lichtes zur Erde geschickt, um Erde und Mensch zu dienen. Die Erde nimmt diese Strömung des Lichtes auf, um sich zu transformieren. Und der Mensch nutzt diese Energie für seine Klärung und für die Erweiterung seines Bewusstseins.

Was ist Bewusstseinserweiterung? Du erweiterst deinen Horizont, du erlaubst deinen Gehirnhälften, sich besser zu verbinden. Damit werden dein Fassungsvermögen und dein Verständnis der Informationen, die zu dir kommen, vergrößert. Durch das morphogenetische Feld strömen jederzeit viele Informationen zu dir. Das Spielfeld wird von Sanat Kumara, dem Hüter der Erde, und von seiner Gruppe jetzt insofern verändert, als dass die Informationen breiter gefächert sind. Dinge, die vorher nur Auserwählten und Eingeweihten zugänglich waren, sind jetzt auch für dich präsent. Du brauchst dich dafür nur zu interessieren und schon bist du in das Feld eingeklinkt. Sanat Kumara und sein Team jonglieren und passen das morphogenetische Feld den Umständen von Erde und Mensch immer wieder neu an. Sie löschen aber nichts. Sanat Kumara sorgt lediglich dafür, dass alles Wissen jetzt zugänglich ist. Allein durch diese Veränderung des Massenbewusstseins erwachen jetzt so viele Menschen. Vielleicht könnte man es ganz einfach so ausdrücken: Er rückt die Informationen ins menschliche Bewusstseinsfeld, sodass du nur noch dein Bewusstsein dafür öffnen musst. Das klingt alles sehr einfach, nicht wahr? Aber im täglichen Leben bedarf es schon einer großen Offenheit, manchmal auch enormer Disziplin, um dir dessen bewusst zu sein, denn nur allzu oft fällst du in altes Denken zurück. Dann kommen dir Ideen wie: „Das kann ich nicht. Ich weiß nicht, wie ich das machen soll." Oder: „Mich damit auseinanderzusetzen, dafür bräuchte ich ja eine Ausbildung. Die habe ich nicht."

Ich, Kryon, habe keine besondere Ausbildung genossen. Natürlich sitzen wir zusammen, auch mit denen, die in noch höheren Ebenen agieren. Wir besprechen die Situation und beratschlagen, was mit Erde und Mensch weiter zu tun ist und wo wir helfen können. Das erweitert die Perspektiven und neue Gesichtspunkte offenbaren sich. Alles Wissen aber habe ich bereits. Ich lerne nicht, ich bin einfach. Das ist es, was wir euch lehren wollen, was wir euch am liebsten einimpfen würden: Du bist gut, so wie du bist. Du bist nicht verkehrt, du bist lediglich durch eine große Schicht Unbewusstheit ein wenig blind und musst den Schleier beiseiteschieben. Dann kannst du dich an den göttlichen Computer andocken und hast alles Wissen, das du brauchst. Für einige von euch hört sich das noch nach Zukunftsmusik an. Aber ich versichere dir, es ist nur ein kleiner Schritt bis dahin. Du bist mitten in starken

Umwandlungsprozessen, die übrigens auch mit der Erweiterung deines Bewusstseins zu tun haben.

Kommen wir zurück zur „Goldenen Welle". Das ist meine Bezeichnung für die facettenreiche göttliche Energie, die in unterschiedlichen Stärken und Arten auf die Erde strömt. Ich wählte diese Formulierung, weil es wirklich Wellen sind, wie sie in der Physik bekannt sind. Wer sich damit befasst hat, weiß, wie diese Wellen arbeiten. Außerdem kommen Wellen auch angerollt, durchströmen einen und bewegen sich dann weiter. So ist es jetzt auch bei dir, geliebter Mensch. Die Welle durchströmt deinen Körper und nimmt das weg, was du nicht mehr brauchst. Wehrst du dich und hältst an alten Mustern fest, wird die Welle an dir zerren und versuchen, dieses Alte mitzureißen. Denk etwa an die Tsunamis, die alles mitreißen, was sich ihnen in den Weg stellt. Die Goldene Welle tut das auch. Deshalb ist es sinnvoll, sich nicht gegen die Transformation zu stemmen, sondern eher mit der Welle zu schwimmen. Die Farbe Gold habe ich zur Beschreibung gewählt, weil Gold die höchste Frequenz unter den Farben hat und weil sie viele Qualitäten in sich trägt, die diesen Prozess der Transformation unterstützen. Gold kann stabilisieren, das wussten schon die alten Weisen der Urvölker, und Gold ist ein guter Leiter. Gold trägt eine hohe Schwingung, die dich zusätzlich unterstützen kann. Gold hebt außerdem die Stimmung und bringt dich zum Strahlen. Die Goldene Welle kann vieles sein. Du bestimmst, ob du sie zu deinem ständigen Begleiter wählst. Das ist auch eine Frage des Bewusstseins.

Schau, du kannst dich über diese starke Kraft der Goldenen Welle und überhaupt über die nicht eben leichte Zeit der Transformation beschweren und stöhnen, wie schlecht es dir geht, oder dir sagen: „Wunderbar, ich arbeite mit der Goldenen Welle, dann habe ich es leichter auf meinem Weg."

Wie wäre es, wenn du die Goldene Welle einfach einmal ganz in Ruhe ausprobiertest? Sprechen wir deshalb zuerst über die Wirkung der Goldenen Welle im Alltag. Die Welle durchströmt nicht nur dich. Alle Menschen, alles Bewusstsein hier auf der Erde wird von der Welle durchdrungen. Da das Feld der Welle ein intelligentes Feld ist, wird es sich so justieren, dass es für jeden Menschen die richtige Dosierung hat. Dein Nachbar wird auch die Goldene Welle spüren, nur vielleicht auf eine andere Art und vielleicht weniger intensiv oder stärker als du. Außerdem kann sie bei einigen Menschen starke körperliche Beschwerden, sogar Krankheiten nach oben holen. Andere spüren vielleicht nur einen Schnupfen und wieder andere genießen die Energie und sind eher guter Laune. Jeder Mensch hat seinen eigenen Prozess. Jeder Ort und jedes Land, in dem du wohnst, hat seinen spezifischen Prozess, der davon abhängt, was dort in den letzten Jahrtausenden geschehen ist. Alles wird transformiert, alle alten Prägungen, die Interaktionen, das Karma werden durchleuchtet. Das setzt überall starke Transaktionen in Gang. Sie können in aller Stille verlaufen, aber auch als kriegerische und rebellische Aktionen. Nichts und niemand bleibt davon verschont.

Ich möchte dich jetzt gern die Goldene Welle fühlen lassen. Ich mache sie für dich transparent, sodass dein Körper darauf reagiert. Dafür bitte ich dich, dir einen guten Liegeplatz zu suchen. Es ist wichtig, dass du ganz entspannt bist. Nimm dir Zeit und mache es dir bequem. Du wirst sicher etwas länger liegen bleiben. Wenn du gut liegst, atme ein paar Mal tief durch und lenke dein Bewusstsein dann auf die Goldene Welle. Sie kann für dich tatsächlich wie eine Goldene Welle aussehen. Du stellst dir vor, dass du direkt in eine Golde Welle eintauchst. Vielleicht nimmt sie dich ganz auf und du bist total in ihr. Oder sie rollt über dich hinweg, wie du es vom Meer kennst. Vielleicht magst du dich auch imaginär an einen Strand begeben und dir vorstellen, wie du auf die Goldene Welle wartest. Wenn sie dann kommt, stürzt du dich hinein und lässt dich von ihr tragen. Probiere es aus, so wie du es magst. Ich darf dir versichern, du wirst es so spüren, wie es für dich richtig ist. Das kann wie ein Vulkanausbruch für dich sein, aber auch ganz sanft verlaufen. Vielleicht siehst du Farben vor deinem inneren Auge. Lass dich treiben und genieße es, so vom Universum getragen zu sein.

Die Goldene Welle ist auch eine Welle der Heilung. Deshalb trägt sie viele Namen. Zurzeit werden einige besondere Heilweisen und Energieübertragungssysteme angeboten, die sich nur schwer mit Worten beschreiben lassen. Im Westen spricht man von „Reconnection" oder von „Deeksha" oder von „Ilahinoor". Es gibt auch noch andere Bezeichnungen, aber was sind schon Namen? Angeboten werden diese Heilenergien als

Möglichkeit, Krankheiten auszugleichen und dem Körper wieder die Chance zu geben, im Gleichgewicht zu sein und sich in das göttliche Feld einzuklinken, auch um Erleuchtungserfahrungen zu haben. Wer sich zu dieser Art der Heilarbeit und Bewusstseinserweiterung entschließt, ist wahrlich auf dem richtigen Weg. Nur darf der Ausübende nicht zu große Erwartungen haben, denn der Mensch bestimmt immer noch selbst, ob er in die Heilung gehen möchte. Wenn jemand noch Ideen oder Prägungen hat, die eine Heilung im Moment noch nicht möglich machen, kann es sein, dass die Heilarbeit keinen Erfolg hat. Der Mensch selbst bestimmt, ob er seine Selbstheilungskräfte aktiviert beziehungsweise aktivieren lässt. Auch Erleuchtungserfahrungen sind vom Loslassen der alten Muster abhängig. Auch das ist letztlich ein Heilungsprozess.

Was macht nun diese Goldene Welle mit dem Menschen, der sie als Heilstrom verwenden möchte? Diese Welle gleicht das Feld aus, das du eigentlich bist. Deine göttliche Geometrie, die vielleicht Blockaden hat und nicht ebenmäßig war, wird wieder in die göttliche Urform gebracht. Du wirst mit der Goldenen Welle wieder in den göttlichen Teppich eingewebt. Dieser Teppich ist das Feld, das außerhalb der Erde wirkt. Das Spielfeld der Erde verhinderte, dass sich die Menschheit in den letzten Jahrtausenden an dieses Feld anschließen konnte. Wer also mit den Heilweisen der göttlichen Energie, mit der Goldenen Welle, arbeitet, klinkt sich in das Feld ein, das harmonisch auf sein eigenes wirkt. Voraussetzung ist aber, dass du bereit bist für eine Heilung.

Diese Goldene Welle heilt dich, während du transformiert wirst. Auch Transformation ist Heilung, denn du wirst gereinigt und geklärt, mag es dir im Moment auch noch so unangenehm sein und für dich gar nicht nach Heilung aussehen. Ich verstehe gut, wenn du vielleicht nicht aus dem Haus gehen magst, weil dir alle Glieder wehtun und du Durchfall hast, Blasenschmerzen, Kopfweh oder andere Symptome. Das ist die Reinigung vor der Rückverbindung an das göttliche Feld, vor der Erweiterung deines Bewusstseins. Das ist die erste Aufgabe der Goldenen Welle. Verstehst du nun, geliebter Mensch? Du hast eine wahre Wunderwaffe an der Hand, sie ist wahre Gnade. Und das Beste ist, sie ist frei und kostet nichts. Jeder Mensch kann sich in diese Goldene Welle einklinken, dafür braucht es keine Berechtigung, keine Lizenz. Die Goldene Welle ist für alle kostenlos da. Ihr lieben Menschen müsst lediglich lernen, mit ihr umzugehen. Dafür braucht ihr nur ein bisschen Zeit, Mut, Offenheit und Vertrauen.

Die Goldene Welle hat ihre Stärke seit 1987 kontinuierlich erhöht. Immer stärkere Dosierungen und Facetten strömen auf die Erde und zu den Menschen, und das wird so weitergehen. Immer höher werden die Dosierungen ausfallen, aber stets so, wie es Erde und Mensch verkraften können. Simultan schwächt sich das Magnetfeld der Erde immer mehr ab. Entwickle keine Angst, es ist ein natürlicher Prozess. Irgendwann wird die Energie, die Goldene Welle, dich sanft noch ein Stückchen höher tragen und dich in der höheren Ebene fest verankern. Der Weg ist das Ziel. Jetzt hat die Goldene Welle erst einmal viel damit zu tun, die Erde und die Menschen zu transformieren. Wenn du so in der Goldenen Welle liegst, kannst du wunderbare Erfahrungen haben, vielleicht bist du im Raum der Stille, vielleicht hast du Erleuchtungserfahrungen, die dich erkennen lassen, dass du wirklich ein Teil des Ganzen bist und dass in dir selbst alles vorhanden ist, was auch im Außen ist. Du bist Teil eines großen Ganzen, du bist im Feld der Erzengel, der Aufgestiegenen Meister und du bist im Feld von Sanat Kumara, der die Erde mit seinem Bewusstsein hält. Worte reichen nicht aus, um die Qualitäten der Goldenen Welle zu beschreiben. Experimentiere mit ihr, sie wird sich dir offenbaren.

Die Heilkraft der Goldenen Welle ist nicht so zu verstehen, dass sie Arztbesuche ersetzt. Sie ist eine wunderbare Ergänzung, um Krankheitssymptome ganzheitlich aufzudecken. So manche alte karmische Verbindung wird gelöst und alte Muster können entlassen werden. Dann sind Krankheiten vielleicht gar nicht mehr nötig. Ein Armbruch sollte selbstverständlich weiterhin chirurgisch behandelt werden. Aber warum sollte das nicht mit der Goldenen Welle unterstützt werden? Sie beschleunigt den Heilprozess, auch indem sie dir vermittelt, warum du dir den Arm gebrochen hast.

Eine Übung für dich

Unsere Übung von vorhin möchte ich nun gern noch ein bisschen erweitern. Du legst dich wieder hin, machst es dir gemütlich, atmest, bis du ganz in die Ruhe gekommen bist, und dann stimmst du dich auf die Goldene Welle ein. Du hast vielleicht schon vorhin bemerkt, dass die Goldene Welle an manchen Körperstellen besonders stark spürbar war. Diese Stellen waren energetisch nicht gut versorgt. Die Welle hat sie wieder gestärkt und aufgefüllt. Diese Unausgeglichenheiten sind im Alltag am Körper selbst kaum spürbar, aber vorhanden. Jetzt kannst du dich entweder wieder ganz auf die Goldene Welle einstellen und sie selbst entscheiden lassen, wo sie ihre Kraft hinlenken möchte. Oder du gehst mit deinem Bewusstsein an Körperstellen, die dir im Moment Sorgen bereiten. Möglicherweise plagt dich gerade ein Schnupfen oder ein Kopfschmerz. Oder du hast ein Krankheitssymptom, das sich schon etwas stärker im Körper manifestiert oder ausgebreitet hat. Dann spüre, wie die Goldene Welle diese Stellen intensiv durchströmt. Bleib so lange in der Goldenen Welle liegen, bis du das Gefühl hast, dass der Vorgang abgeschlossen ist, dass du aufgefüllt bist oder dass es jetzt genug ist. Es wurde getan, was getan werden konnte. Die Goldene Welle ist kein Heilversprechen, aber eine gute Möglichkeit, dich in das göttliche Feld einzuklinken. Sie bietet dir die Möglichkeit, die göttliche Blaupause deines Körpers wiederherzustellen, wenn und soweit es angemessen ist. Die Goldene Welle kann auch medizinische Therapien gut unterstützen. Sie ist ein guter Begleiter, wenn du psychisch instabil, vielleicht sogar in therapeutischer Behandlung bist. Die Goldene Welle wird dich bei deiner Stabilisierung unterstützen. Sie ist dir außerdem eine gute Stütze oder ein Sprungbrett, um mit der geistigen

Welt besser in Kontakt zu kommen. Wenn die Goldene Welle ihre Arbeit getan hat, dann versuche einmal, mit deinem Höheren Selbst zu sprechen. Es kann dir sogar ein paar Erläuterungen zu deinen körperlichen Sorgen geben und wie diese mit alten Mustern in Verbindung stehen. Die Aktivitäten der Goldenen Welle sind auch von hohen Wesenheiten geleitet. Wenn du aufmerksam bist und es so gewollt ist, dann wirst du vielleicht sogar sehen, wie an dir gearbeitet wird und wer es tut. Aber dein Hauptaugenmerk sollte wirklich auf der Goldenen Welle an sich liegen. Viel Freude beim Experimentieren und – halte alles für möglich!

Barbaras persönliche Erfahrungen

Mit der Goldenen Welle zu arbeiten gehört zu meinen täglichen Ritualen. Es ist einfach schön, in dieser Energie zu sein. Ich lege mich tagsüber zwischendurch kurz auf die Couch oder auf den Boden und entspanne mich. Ein Gedanke genügt und die Goldene Welle ist da. Wenn mir der Nacken vom Sitzen am Computer schmerzt, rollt sie dorthin und löst dort Verspannungen. Manchmal wird es ganz heiß. Ich verspüre ab und an auch Druck im Kopf, besonders wenn ich viel schreibe. Der löst sich ebenfalls durch die Goldene Welle. Oft strömt sie besonders intensiv durch Körperteile, die ich gar nicht als schmerzhaft empfinde. Dann herrscht dort wohl gerade Energiemangel. Die Goldene Welle kann auch Stimmungsschwankungen sehr gut ausgleichen. Wenn man sich einmal geärgert hat, Stress im Büro oder mit einem Freund hatte, und sich dann in die Welle legt, ist dieser Ärger meist schnell neutralisiert. Alles wird lockerer und die Welt sieht dann gleich wieder ganz anders aus. Ich nehme manchmal auch Wesen wahr und sehe, wie sie an mir arbeiten. Sie sind nicht immer zu erkennen, aber hin und wieder sehe ich ein Gesicht. Einmal zuckte ich richtig zusammen, weil ich sah, wie über mich ein Eimer mit Gold ausgeschüttet wurde. Es fühlte sich recht kühl an. Ich fragte dann, was das solle, und bekam die Antwort, dass es mich stabilisieren werde. Dann waren die Helfer auf einmal weg, der Dienst war wohl beendet. Nicht immer sehe oder höre ich etwas. Meist bin ich einfach nur in dieser schönen Energie. Manchmal spüre ich ganz deutlich, wie an bestimmten Stellen gearbeitet wird, zum Beispiel an einer verkrampften Wade, an einem eitrigen Zahn, an einer schmerzenden, überanstrengten Hand. Es gibt keine Sitzung, in der nicht spürbar Linderung eingetreten ist. Manchmal frage ich auch in die Einheit hinein, ob ich etwas wissen müsse oder ob die Goldene Welle beziehungsweise die Wesen, die damit verbunden sind, einen Tipp für mich hätten. Aber ich muss gestehen, ich habe mich nicht immer dran gehalten, denn meist heißt es: „Gönne dir mehr Ruhe. Höre auf deinen Körper!"

Ich persönlich bin mir sicher, dass die Goldene Welle eine wundervolle Unterstützung bei Krebsbehandlungen sein kann. Außerdem glaube ich, dass es sehr wichtig ist, sein eigenes Leben zu beleuchten und zu fragen, was einem der Krebs sagen will. Der kommt nicht zufällig, hat seine Botschaften und ist auch eine Transformation. Wir selbst bestimmen in Verbindung mit dem Höheren Selbst, wie der Krebs sich verhält. Es ist an der Zeit, dass sich die Schulmedizin für eine ganzheitliche Sicht öffnet, denn die Anzahl der Krebsfälle nimmt sichtlich zu!

15

Den inneren Frieden nach außen bringen

Du geliebter Mensch glaubst oft, der Weg zur Meisterschaft sei schwer zu bewerkstelligen. Du hast in dir alte Muster gespeichert, die dir dies vermitteln. In anderen Leben hast du bestimmt einige Versuche unternommen, die Leiter der Entwicklung zu erklimmen und bist dabei auch hin und wieder kläglich „gescheitert". Tief in deinen Zellen sitzt die Idee, dass der Weg auf der göttlichen Leiter mit Schwere, Last und Enttäuschung verbunden ist. Sicher hast du erlebt, dass du immer haarscharf an der Grenze zum Absturz warst und Prüfungen nicht bestanden hast. Daran erinnern sich deine Körper bis heute. Seither stehst du der Idee, den Weg in die höheren Ebenen der Göttlichkeit zu beschreiten, vorsichtig gegenüber. Du wurdest enttäuscht und bist vielleicht sogar eine längere Zeit in einer Ebene gewesen, die nicht sehr lichtvoll war. Dort warst du wie paralysiert und isoliert. Erst nach etlicher Zeit hast du dich sozusagen wieder reanimiert und erkannt, wer du wirklich bist. Damals hast du dir geschworen, dass du bei den nächsten Schritten deines spirituellen Erwachens vorsichtiger sein würdest. Dies alles hast du in deinem Unterbewusstsein gespeichert. Und nun sagt man dir, der Weg in die Meisterschaft, der Aufstieg stehe an und er sei gar nicht so schwer, sondern bedürfe nur eines Schrittes, den der reinen Absicht. Ein Teil von dir jauchzt und freut sich, der andere Teil ist skeptisch und sagt sich: „Die Sache hat sicher einen Haken. Ich glaube nicht, dass es so leicht sein kann, diesen Weg zu beschreiten. Da kommt sicher noch etwas zum Vorschein, worüber nicht gesprochen wird. Das dicke Ende kommt nach. Früher war es nicht einfach, warum sollte es heute leichter sein?"

Ich darf dir versprechen, dass dieser „Kurs in Liebe" keine Mogelpackung ist. Ich darf dir auch versichern, dass ich, Kryon, keine Attrappe bin, die bei näherem Hinsehen zusammenfällt, weil die Luft herausgeht. Ich bin Kryon vom Magnetischen Dienst, ich bin schon seit Langem auf der Erde und bei ihr, um ihr und den Menschen behilflich zu sein. Ich darf dir allerdings vermitteln, dass dies nicht mein einziger Name ist. Ich bin schon vor dir vielen Menschen unter einem anderen Namen bekannt gewesen. Aber das ist eine andere Geschichte, dir ich mir für später aufhebe. Ich bin hier, zusammen mit vielen anderen Brüdern und Schwestern aus diesem Sonnensystem und von weiter her, die für diese Zeit extra hierherkamen und noch kommen werden, um dir zu helfen, dich aus dem Kreislauf der vielen Inkarnationen und der dualistischen Illusion zu erheben. Geehrt und geliebt war dein Weg im Laufe der vielen Leben, aber jetzt ändert er sich. Du wirst den Zyklus der Erde nicht mehr länger in der bisherigen Form begleiten. Du bist dabei, dich mit der Erde in eine neue Umlaufbahn und in eine höhere Schwingung zu begeben. Dafür ist es notwendig, die Körper zu verändern und zu klären. Das ist der Prozess, der jetzt geschieht. Hier, auf der anderen Seite des Schleiers, sitzt kein Prüfungskomitee, das dich beäugt und dann entscheidet, ob du mitkommen darfst und bleiben musst. Wir halten euch bei der Hand, damit ihr die notwendigen Schritte des Erkennens und der Klärung gehen könnt. Das ist unsere Aufgabe. Wir richten niemanden und wir grenzen auch niemanden aus. Vergesst die Geschichte von dem richtenden GOTT und seinen Helfern. GOTT ist Geist und dieser Geist ist etwas Umfassendes, das nicht punktuell entscheidet. Selbstverständlich gibt es hohe Wesenheiten, die im Auftrage der Zentrale des Geistes handeln sowie Wissen und Entscheidungen übermitteln. Der Geist des Einen ist in jedem Wesen enthalten, insofern ist es doch völlig unverständlich, dass GOTT sich selbst richten und bestrafen sollte. Du bist ein Teil von GOTT, er wohnt in deinem Höheren Herzen und möchte sich jetzt nicht mehr weiter in der Dualität erfahren, sondern diesen Teil von sich in höhere Ebenen lenken und dort weitere Erkenntnisse sammeln. Das ist sein Wunsch und das ist dein Wunsch, denn du bist ein Teil von GOTT. Deshalb betrachte all deine Tätigkeiten, deine Entscheidungen, deine typischen Handlungen, die du als Mensch im Alltag tust, genau, und prüfe, ob sie noch dem entsprechen, was du wirklich tun und leben willst.

Es kann durchaus sein, dass du nun in ein Loch oder in mehrere tiefe Löcher fällst, weil es nicht leicht ist, das normale Leben, das du hier auf der Erde lebst, als Illusion anzusehen. Stell dir vor, dass alles ein Hologramm ist und dass du ein Teil dieses Hologramms bist. Du bist mittendrin, erwachst und stellst deine Tätigkeiten und dein Leben infrage. Diese Fragen können nun immer wieder auftauchen und gehören zum Transformationsprozess:

Bin ich wirklich ich oder bin ich ein Teil eines anderen?
Wenn ich ein Teil eines größeren Ganzen bin, wer oder was ist dann meine Persönlichkeit?
Wird meine Persönlichkeit jetzt eliminiert und werde ich mich total verändern?
Kann ich noch in einer normalen Familie leben, oder ist es mir gar nicht mehr möglich, weil es sich fremd anfühlt?
Wird mein Partner mich verlassen, weil ich mich plötzlich für so viele Dinge interessiere, die ihm nicht wichtig sind?
Sind diese körperlichen Beschwerden, die ich jetzt habe, und die kein Arzt richtig diagnostizieren kann, ein Teil der Veränderung, die ich auch überall in und mit mir spüre?
Was mache ich beruflich, denn meine jetzige Arbeit fühlt sich beendet an? Es gelingt mir auch nicht mehr, mich dort wohlzufühlen. Ich fühle mich fremd und unpassend.
Mir ist im Moment so viel egal oder unwichtig. Manchmal sitze ich einfach nur auf einer Bank und gucke in den Himmel oder zu den Pflanzen. Und ich bin auch sehr orientierungslos.

Es gibt Tage, da habe ich große Schmerzen im Kopf und in den Gliedern. Am nächsten Tag geht's mir sehr gut. Dann wieder sehr durchwachsen. Was hat das zu bedeuten und wie lang wird das noch dauern?

Und wenn diese Transformationsphase vorbei ist, was bin ich dann? Schwebe ich über allem und habe ich keinen Kontakt mehr zu den anderen Menschen?

Wie wird sich die Weltlage entwickeln? Überall hört man von Kriegshandlungen, von Hunger und von Bombenattentaten. Viele bekannte Menschen sterben plötzlich. Alles fühlt sich nach Aufbruchstimmung an. Was wohl noch alles geschehen wird?

Wo ist der Frieden, von dem Kryon und andere geistige Wesen sprechen? Wann wird er da sein? Oder gibt's eine starke Selektion und nur wenige Menschen überleben, um dann die Neue Erde zu erbauen?

Ich sehe deine Fragen und Erkenntnisse und sie sind verständlich. Es mag tatsächlich so scheinen, als würde alles zusammenbrechen und sich keiner mehr in Sicherheit wiegen können. Aber auch das ist nicht so, wie es scheint. Du befindest dich in einem starken Umwandlungsprozess. An dir arbeiten viele geistige Helfer. Sie formen dein Körpersystem um und passen dich an die Neue Erde, an den Aufstieg, an die Erweiterung deines Bewusstseins an. Du löst dich von dem Schleier der Ungewissheit und der Trennung. Du bekommst eine völlig neue Sichtweise, die nicht mit dem zu vergleichen ist, wie du bisher gedacht und gelebt hast. Alles verändert sich, du am allermeisten. Das geschieht jetzt und wird auch noch weiterhin geschehen. Manchmal bist du müde und hast keine Lust mehr, hier Mensch zu sein. Ich nenne das „Erdenmüdigkeit". Aber bitte lass den Kopf nicht hängen, sondern schaue aufgerichtet nach vorn. Dort scheint das Licht am Horizont und dort ist auch der Frieden. Sei geduldig mit dir. Gestalte deinen Tag nicht nach dem Pensum, das du dir vorgenommen hast, sondern nach deinen eigenen Bedürfnissen. Spüre in dich hinein, was dir guttut, und was wirklich getan werden muss. Besprich das auch in der Familie. Ich bin sicher, den anderen geht es auch nicht immer sehr gut. Alle haben mehr oder weniger unter der Veränderung zu leiden, jeder auf seine Art. Du bist einer der Pioniere, das sind nicht alle. Und die Pioniere sind auch nicht alle an einem Ort, sondern verstreut, damit sie anderen helfen können. Das ist dieses Netz, von dem ich sprach. Du bist eine oder einer der Netzwerkerinnen und Netzwerker und vielleicht sogar in einer Familie inkarniert, die noch unwissend ist. Deine Lieben sind entweder Teenagerseelen oder noch nicht erwacht. Du wirst sie erwecken und das kann durchaus noch eine Weile dauern. Du bist dann wohl ganz auf dich gestellt – so kommt es dir zumindest vor. Aber vergiss nicht: Einsamkeit ist eine Illusion der Dualität. Du bist viele. Sprich mit deinem Höheren Selbst.

Ab und an triffst du auf jemanden, der ähnlich denkt wie du. Aber ich kann dir versichern, immer mehr Menschen erwachen, wenn auch jeder auf seine Art. Möglicherweise sogar bei einer Demonstration gegen Atomkraft oder für mehr Lehrer. Dann ist ein Same gelegt. Und wenn einen solchen Menschen vielleicht in ein paar Jahren wieder triffst, dann wirst du dich wundern, was aus ihm geworden ist. Aber du, liebe Leserin oder lieber Leser, bist der Pionier unter den Pionieren. Ich sage das hier noch einmal, weil du das oft vergisst. Du versinkst in deinem eigenen Schmerz und fragst dich sogar: „Warum gerade ich? Oft wünschte ich, ich würde unwissender sein, dann hätte ich es leichter!" Nein, das ist nicht wahr, du hast mit einem Jauchzer in der Höhle der Schöpfung gestanden und gefragt: „Wann geht es endlich los?" Da bist du nun als Pionier und steckst in tiefen Transformationen. Was kannst du tun, damit du dich besser fühlst und vielleicht auch, um einen Fortschritt zu sehen? Du bist auch hierhergekommen, um die Veränderung in Politik und Wirtschaft zu erleben. Da ist im Moment vieles im Argen und am Kippen und ein Ende ist noch nicht in Sicht. Obwohl, bei genauerem Hinsehen kannst du die Lichtblicke schon entdecken.

Du solltest dich entspannt zurücklehnen und dir noch mal deine Bestandsaufnahme anschauen, die ich dir am Anfang des Buches als Hausaufgabe empfohlen habe. Hat sich inzwischen etwas verändert, während du weitergelesen hast und im Alltag alles weiterging? Ich erlaube mir die Bemerkung, dass ich jetzt einen anderen Menschen sehe als den, den ich sah, als du das Buch zum ersten Mal in die Hand nahmst. Wir haben uns erlaubt, ein bisschen an dir zu arbeiten. Wir haben das alte Zeug, das du nicht mehr brauchst, etwas nach oben geholt, die Goldene Welle hat es weggeschwemmt, und ich sehe nun einen klareren Menschen. Was ist jetzt zu tun? Wo hapert es immer noch in deinem Leben? Ich glaube, du hast jetzt wirklich erkannt, dass du der Schöpfer deines Lebens bist. Du hast es gemerkt, weil einige Situationen in den letzten Tagen anders ausgingen, als du es erwartet hattest. Ein paar Mal sah es nach einem echten Drama aus, aber du hast diese Situationen selbst entdramatisiert. Das warst du selbst. Ich war es nicht, auch kein anderer geistiger Kollege. Du hast mehr Platz geschaffen für dein Höheres Selbst und seine kleinen Inspirationen annehmen können.

Das nächste Ziel lautet, dir vorzustellen, dass dein ganzes Leben in Harmonie ist. Das zu erreichen ist nicht ganz einfach, aber mit ein bisschen Geschick, Offenheit und Traute wird es dir gelingen. Sieh doch einfach einmal alle schwierigen Entscheidungen als Möglichkeiten an, dich noch weiter zu öffnen und der Göttlichkeit in dir die Chance zu geben, dich noch mehr zu inspirieren. Beginne den morgigen Tag einmal mit dem Vorsatz, dass du Herr über dich und die Geschehnisse bist. Sieh dir an, wo die üblichen Dramen und Tricks der Dualität zu dir kommen wollen und beobachte dich selbst, wie du reagieren willst. Vielleicht kommt der alte Trott durch, der mit Ängsten einhergeht. Dann halte inne, bevor du reagierst, und fühle in dich hinein, wie du die Sache anders angehen kannst. Das ist Übungssache. Beobachte dich selbst von einer höheren Warte aus. Ziel für den morgigen Tag ist, dass es ein schöner, freudvoller Tag wird. Die Lebensfreude möchte gern wieder Einzug halten. Noch einmal zur Erinnerung: Du bist der Herr deines Lebens, kein anderer kann dein Leben bestimmen. Wenn es doch so scheint, dann ändere es. Auch der Partner darf nicht über dich bestimmen. Das ist nicht der Weg der Freiheit, das ist ein Eingriff in dein Leben. Das bedeutet nicht, dass du dich von den anderen Menschen trennen sollst. Du musst ihnen nur sagen, was du nicht mehr möchtest, und das bitte recht liebevoll. Du wirst dich vielleicht sogar sehr wundern, auf wie viel Verständnis du stößt. Dein Gegenüber hat es möglicherweise nicht besser gewusst und selbst nach alten Mustern gehandelt. Das ist eine gute Chance für die ganze Familie, eine neue Partnerschaft und eine neue Gemeinschaft zu leben.

Der Frieden in der Welt beginnt bei jedem einzelnen Menschen. Jeder Mensch, der bewusster wird, hat die Aufgabe, sich selbst unter die Lupe zu nehmen. Das ist der Weg in die Meisterschaft. Schaffe Frieden und Freude in deinem Alltag, das ist der Beginn. Wenn du zufrieden bist, und zwar nicht nur für ein paar Minuten, dann bist du einen großen Schritt weiter. Dann hast du dein Licht wie ein Funkennetz ausgebreitet. Deine Familie wird es sehen und spüren. Der Funke springt über. Wo du in Frieden bist, wird es deine Familie auch sein. Wenn es noch ein bisschen dauert, dann habe Geduld.

Der nächste Schritt ist, dass du deine Gedanken und Emotionen unter Kontrolle bringst. Nimm dir nochmals einen Tag für dich und beobachte deine Gedanken und die Emotionen, die mit ihnen einhergehen. Denn die machen gern mit dir, was sie wollen. Das musst du ändern. Das ist harte Arbeit, das sehe ich wohl. Doch wenn du nur lange genug übst, wirst du plötzlich eine Veränderung bemerken. Du hast das Zepter ein wenig fester in der Hand. Wenn du deine Gedanken und Emotionen ein bisschen kontrollieren kannst und deine täglichen Herausforderungen weniger dramatisch erledigst, bist du auf deinem Weg einen großen Schritt weitergekommen. Ich bin derweil gern an deiner Seite, wenn du es möchtest, und mache dich auf kleine Dramen aufmerksam. Gemeinsam schaffen wir es!

Nun steht deinem eigenen Frieden nichts mehr im Wege. Du weißt, dass du dein Leben selbst gestaltest. Alle anderen sind liebe Begleiter und können Gleichgesinnte sein. Wenn du deinen Frieden in dir trägst, wird er sich automatisch nach außen bewegen. Der Frieden geht in deine Familie, in deinen Betrieb, in deinen Freundeskreis, in den Sportverein. Du wirst überall Veränderungen bemerken, habe Geduld. Neue Ideen für den Frieden auf der Erde werden entstehen und du bist einer der Friedensstifter. Ja, das bist du wirklich. Lehne dich nun einen Augenblick zurück und überdenke den heutigen Tag. Überlege, wo du gerade in deiner Entwicklung stehst.

Eine Übung für dich

Ich möchte dir noch ein paar praktische Anregungen für den Alltag geben. Nehmen wir an, du hast Ärger mit irgendjemandem und weißt nicht so recht, wie du das ausgleichen kannst.

Dann empfehle ich dir, dich in die Stille zu begeben, wenn es ein muss, tut's auch ein stilles Plätzchen in der Cafeteria. Schließe deine Augen und begib dich auf die Wiese. Dort bitte das Höhere Selbst desjenigen, mit dem du nicht konform bist, dich zu besuchen. Das Höhere Selbst des anderen wird vor deinem inneren Auge erscheinen. Dann bitte dieses Höhere Selbst, es möge dir behilflich sein, die Lage besser zu verstehen. Frage es, wie du eine Win-win-Situation herbeiführen kannst. Erbitte einen Rat, was zu tun ist, damit beide zufrieden sind. Vielleicht erfährst du dann auch, warum ihr beide im Moment nicht auf einer Linie seid oder warum die Chemie nicht stimmt. Wahrscheinlich stammen eure Vorbehalte sogar aus einem früheren Leben oder ihr arbeitet gerade an einem ähnlichen Muster und seid in Resonanz gegangen. Wenn du dann wieder in einer Konfliktsituation mit der betreffenden Person bist, versuche Ruhe zu bewahren und das zu tun, was dir empfohlen wurde. Manchmal klärt sich die Lage schnell, ein anderes Mal bedarf es mehrerer Anläufe. Aber ich bin sicher, du kannst Frieden herbeiführen.

Wenn die Zeit nicht ausreicht, um dich zurückziehen oder wenn es sich um eine alltägliche Kleinigkeit ohne weiteren Belang handelt, dann hole tief Luft und lass dir Zeit mit deiner Reaktion. Du hast sicher auch schon festgestellt, dass du oft sehr schnell auf etwas reagierst, anstatt dich erst einmal zu entspannen. Dein Gegenüber hat dich da getroffen, wo du empfindlich bist. Es war genau der richtige Knopf, um dich zu reizen.

Überhaupt sind Ruhe und Gelassenheit der Schlüssel zu göttlichen Reaktionen. Die alte Regel, wichtige Entscheidungen noch einmal zu überschlafen, ist sehr stimmig. Ob es nun um eine neue Matratze oder um einen Wechsel von Wohnort oder Arbeitsplatz geht: Eine Entscheidung triffst du am besten, indem du tief in dich hineinhorchst und nach Möglichkeit das Höhere Selbst bittest, dir einen Rat zu geben. Dein Höheres Selbst sieht alles ganzheitlich und wird die richtige Entscheidung herbeiführen. Wobei du vielleicht auch schon festgestellt hast, dass seine Entscheidung nicht immer mit deinem Persönlichkeitsselbst, deinem Ego, konform geht. Wem möchtest du mehr Beachtung schenken? Du wirst es wissen.

Auch ein offener, tiefer Augenkontakt zu deinem Gegenüber kann Wunder wirken und eine Begegnung sehr beeinflussen. Schaue einem Menschen in die Augen, wenn du mit ihm sprichst, besonders wenn wichtige Entscheidungen getroffen werden müssen. So begegnet ihr euch auf der Seelenebene. Von Seele zu Seele spricht es sich immer leichter. Wenn möglich, ist auch ein direkter Hautkontakt sehr förderlich, wenn ihr ehrlich und tief in Verbindung kommen wollt. Jemandem bewusst und offen die Hand zu geben ist eine Begegnung von Herz zu Herz. Wenn ihr euch dabei auch noch in die Augen schaut, kannst du sicher sein, ihr seid wahrlich direkt miteinander verbunden. Probiere es gern aus! Weißt du, geliebter Mensch, alle anderen Menschen haben ähnliche Sorgen und Themen wie du. Auch sie haben ihre Prägungen und stehen nicht weit über dir. Die meisten zwischenmenschlichen Probleme entstammen der Angst vor anderen Menschen, sind verankert im mangelnden Selbstvertrauen und das mündet immer wieder in das mangelnde Vertauen zu dem GOTT in dir!

Barbaras persönliche Erfahrungen

Wir alle kennen das: Wir treffen einen Menschen und haben das Gefühl, ihn schon ganz lange zu kennen. Wir sind uns auf Anhieb sympathisch und haben keine Probleme, uns zu unterhalten, haben ähnliche Interessen, kurz: Es ist eine fruchtbare Begegnung. Dann gibt es die andere Variante. Wir treffen jemanden, mit dem wir nicht warm werden, die Chemie stimmt nicht und wir haben Probleme, uns zu verständigen. Meist sind wir froh, wenn die Begegnung beendet ist. „Woran liegt das?", fragen wir uns. Oft noch mit der Zusatzfrage: „Habe ich etwas falsch gemacht?" Womöglich aber arbeiten wir lediglich gerade an ähnlichen Mustern, die mit alten Ängsten zu tun haben. Ich hatte einmal eine Begegnung mit einem potenziellen Vermieter, der mir bei unserer ersten Begegnung nur recht zögerlich entgegenkam. Er war sehr auf Abstand bedacht. Ich habe dann am Abend geistig zu ihm Kontakt aufgenommen, weil ich wissen wollte, warum das so war. Sein Höheres Selbst vermittelte mir, dass meine Arbeit ihm etwas Sorgen bereitete; er konnte sie mit seinem irdischen Sein schlecht einordnen. Mehr war da nicht herauszubekommen. Ich habe ihn dann nochmals persönlich getroffen. Da ich nun wusste, was ihn zögerlich sein ließ, war ich einfach ganz entspannt, und wie von Zauberhand kam das Gespräch auf Engel. Wir unterhielten uns sehr lange über dieses Thema und das Eis war gebrochen. Ich habe mich dann für eine andere Wohnung entschieden, aber wir treffen uns manchmal zufällig und haben immer Zeit für einen Plausch; er interessiert sich nun brennend für meine Arbeit.

Da ich mit Kryon sehr eng verbunden bin und diese Verbindung auch für private Fragen „nutze", kann ich meine Schwierigkeiten immer mit ihm beleuchten. Das Interessante dabei ist, dass Kryon dies gleich für kleine Erkenntnisse nutzt. Das läuft dann ungefähr so ab: Wenn ich frage, warum dies oder jenes nicht glattgeht, antwortet er in etwa: „Ja, was glaubst du denn, warum das so schwierig läuft? Beleuchte es von allen Seiten und auch aus einer höheren Sicht. Dann wirst du etwas entdecken!" Kryon lässt mich also erst einmal selbst suchen und meist habe ich dann auch nach kurzer Zeit den Haken entdeckt. Ich glaube, er hilft mir dabei und stupst mich sachte darauf. Oft fällt mir dann auf, dass ich in solchen Fällen auf ganz bestimmte Menschen treffe. Auch diejenigen, mit denen ich etwas zu klären habe, erzählen mir von solchen Begegnungen. Wir treffen uns wieder in diesem Leben, um unsere alten Muster aufzulösen. Das müssen nicht unbedingt karmische Verstrickungen sein. Kleine Begebenheiten von früher lösen sich, wenn wir aufeinandertreffen, manchmal sogar an derselben Stätte wie in der Vergangenheit. Das ist mir schon ein paar Mal passiert. Man trifft sich auf der irdischen Ebene dann nicht mehr, hat aber interdimensional neue Wege geebnet. Das finde ich besonders interessant. Früher habe ich oft innerlich geschaut, woher wir uns kennen und was da passiert ist. Jetzt fühle ich, das ist etwas Altes, positiv oder negativ, und es löst sich in dem Moment auf, in dem wir uns begegnen. Ich muss nicht wissen, was es war. Wundervoll, wie einfach vieles geworden ist. Wir müssen nur glauben, dass es so ist, und nicht meinen, wir müssten noch so viel tun. So hoch ist die Energie jetzt auf der Erde. Das ist die Goldene Welle, die uns bei unserer Transformation wirklich sehr gut hilft.

16

Das Neue Jerusalem

Der Mensch und die Erde stehen in einem besonderen Kontext miteinander. Sie können nicht ohne einander, tun sich aber oft sehr schwer, miteinander zu leben. Die Erde steht zu dir wie eine Mutter zu ihrem Kind. Sie ist voller Liebe und Verständnis für dich, aber sie kann manchmal auch ein wenig streng mit dir sein, besonders wenn sie dich Lernaufgaben bewältigen lässt. Du erkennst dadurch deine Irrtümer und kommst wieder auf den rechten Weg. Jetzt fragst du vielleicht erstaunt, inwiefern die Erde sich dir gegenüber wie eine Lehrerin verhält. Erinnere dich an Ereignisse in der Natur. An plötzliche Regengüsse, die dich trafen; an Steine, die unvermittelt im Weg lagen; an Blessuren, die du dir zugezogen hast, als du mit dem Kopf gegen den Ast eines Baumes gerannt oder von einem Baum heruntergefallen bist; an leichte „Verbrennungen" an deinen nackten Beinen, als Brennnesseln dich streiften. Die Erde kann auf deine Unachtsamkeit oder deine bewusste Missachtung ihres Seins direkt reagieren.

Wenn du ein bisschen in dich hineinhorchst, weißt du, welche Situationen ich meine, in denen du der Erde gegenüber unachtsam warst.

Größere Dinge, die Menschen der Erde antun, werden kollektiv behandelt, in ihnen sind dann Lernaufgaben für viele Menschen enthalten. Dann hat zum Beispiel ein Atomkraftwerk einen Störfall oder es passieren irgendwelche Pannen, die auf menschliches Versagen zurückzuführen sind. Denn meist versagt in solchen Fällen nicht die Technik. All das sind Hinweise, die beachtet werden sollten. Was will die Erde den Menschen damit sagen? Während dieses Buch empfangen wird, stehen in Deutschland Wahlen vor der Tür und zu den Wahlkampfthemen gehört die Erzeugung und Verteilung von Atomenergie. Könnte es sein, dass die Meiler jetzt die Fehler produzieren, weil auf etwas aufmerksam gemacht werden soll? Stürzen Häuser in alte Stollen, weil die Erde darauf aufmerksam machen möchte, dass der Abbau gewisser Inhalte nicht zum Guten der Menschen dient? Betrachte einmal im Geiste die gesamte Erde – an ihrer Oberfläche und im Inneren. Wie und wo hat der Mensch große technische Errungenschaften eingesetzt, die nicht nur dem Wohl der Erde und der Menschen dienen? Bleiben wir noch kurz bei der Atomkraft. Es ist offensichtlich, dass die Sicherheit der Atomkraftwerke nicht gegeben ist, weil niemand von euch Menschen bisher weiß, wie austretendes radioaktives Material neutralisiert werden kann. Wüsstet ihr das, dann wären diese Meiler nicht gefährlich. Was geschieht, wenn die Erdverschiebungen, die Unwetter und die Unterspülungen weiter fortschreiten? Denkt ihr, dass diese Atommeiler und die Orte, an denen Atommüll gelagert wird, unbeschädigt bleiben? Ich möchte nicht, dass du, lieber Mensch, in Panik verfällst; ich möchte dich nur auf eine problematische Situation hinweisen. Ich könnte diese Beispiele beliebig fortsetzen. Es geht um Flussbegradigungen, um Fischfang, um Sonarexperimente, um Atomversuche und Experimente mit dem Wetter, um Versuche mit Viren und so weiter. „Was kann ich als einzelner Mensch dagegen tun?", magst du fragen. „Viel", das ist meine Antwort. Denke darüber nach, aber gib deinen Gedanken eine positive Form. Denke an Veränderung, aber nicht aus einem Gefühl der Wut oder gar des Hasses oder der Ohnmacht heraus. Angstgefühle sind auch nicht gut. Mit deinen kritischen, aber positiven Gedanken veränderst du dein Feld. Das verändert wiederum das Feld deines Nachbarn. Das kann mit Gesprächen verbunden sein, aber allein schon deine Gedanken verändern das Massenbewusstsein. Deine Gedanken sollten klare Konstruktionen sein, die ohne Emotionen, aber mit der Kraft des Herzens auf Veränderungen zielen. Wenn ein klarer Herzensgedanke immer wieder gedacht wird, nimmt er Form an. Diese Form geht ein ins gesamte Netz, ins morphogenetische Feld, in das Massenbewusstsein und verändert es. Wenn alle, die dies hier lesen, das tun würden, dann wäre schon viel verändert. Du bist der Veränderer, du bist der erwachte Mensch, der eigenverantwortlich das eigene Leben, aber auch das der anderen mitgestaltet.

Alles, was jetzt nicht mehr in den Weg der Neuen Erde passt, muss verändert werden. Das Wichtige ist, dass du diesen eben von mir beschriebenen Vorgang annimmst und ihn umsetzt. Wenn alle Menschen, die dies hier lesen, so ihr Leben beleuchten und verändern, dann ist das halbe Prozent für die globale Veränderung des Feldes bald erreicht. Jeder Mensch ist stark, weil er mit anderen verbunden ist. So gesehen, ist es gar nicht so aussichtslos, wie du vielleicht denkst, dass die Veränderungen für die Erde und für die Menschen tatsächlich herbeigeführt werden. Wenn alle Menschen sich als eigene Schöpfer sehen und mit ihren Gedanken eine positive Veränderung im eigenen Leben einleiten, dann ist der Wandel zur friedlichen Erde, zum humanen Miteinander nicht weit entfernt. Dies sind keine leeren Worte, es sind Energiepakete. Wenn du sie durchdenkst und annimmst, dann können sie genau den Schub leisten, den du jetzt brauchst.

Der Frieden beginnt bei dir. Wenn jeder das verinnerlicht, wird der Wandel Wirklichkeit. Betrachten wir doch einmal einen sehr wichtigen Kriegsherd hier auf der Erde: Palästina. Die Krise zwischen Israelis und Palästinensern mit all ihren Facetten ist ein Beispiel dafür, wie sich solch alte Themen immer wieder ineinander verschlingen können. Der kleinste Schritt hin zur Entwirrung bringt weitere Verwirrung mit sich, wie an den jüngsten Ereignissen gut zu sehen ist. Wie wird es da weitergehen? Diese Frage beschäftigt nicht nur die Menschen in der Region sowie die Politiker und die Wirtschaftsbosse – denn selbstverständlich sind auch solche Interessen im Spiel. Die Menschen überall auf der Erde sind in diesen Krisenherd mit eingebunden, weil diese Spannung schon viele Tausend Jahre anhält. Sie reicht sehr weit zurück, man könnte fast von Zehntausenden von Jahren sprechen. Die Juden sind immer ein sehr interessantes Volk gewesen, das oft die Aufmerksamkeit der anderen Völker auf sich zog. „Woran mag das liegen?", fragen sich auch heute die jungen Menschen, die zum Teil gar nicht mehr wissen, worum es in diesem Krieg eigentlich geht. Es ist ein spiritueller Krieg, der sich auf alle anderen Bereiche ausgeweitet hat. Das liegt daran, dass die Juden hier auf der Erde ein Kernvolk sind. Das bedeutet, in ihnen ist die DNS vollständig, sie wurde nicht verändert. Die Juden sind das Volk, das nie ganz in die Trennung von der eigenen Göttlichkeit gegangen ist. Sie wussten um den Gott in ihnen selbst. Sie wussten immer, wie man zu GOTT, zum eigenen Kern und zu den anderen geistigen Wesen Kontakt aufnimmt. Sie sind deshalb sehr oft ein Stein des Anstoßes gewesen. Sie wurden gejagt geächtet, vernichtet und an den Pranger gestellt. Es gab Zeiten, da wurden sie sogar gefangen genommen und bei lebendigem Leibe seziert, weil man glaubte, besondere Merkmale in ihrem Körper finden zu können, die erklären würden, warum sie so sind und wie sie zu ihrem Wissen kamen. Hatten sie eine besondere Verbindung zu GOTT und würde er im Körper an einer bestimmen Stelle sichtbar? Die Juden tragen das Leid vieler Zeiten in sich. Ich erzähle das hier ganz neutral, ohne damit andere Völker und Glaubensregeln zu bewerten.

GOTT hat keine Glaubensrichtungen vorgegeben. Das, was als Religionen heute seinen festen Stand im Leben viele Menschen hat, sind von Menschen erschaffene Systeme, die mit Ritualen, bestimmten Vorschriften und Paradigmen belastet sind. Alles hat seine Daseinsberechtigung, das ist unbestritten. Ich möchte dir nur die wahre Geschichte des Volkes der Juden nahebringen. Sie wurden und werden auch weiterhin verfolgt, weil man sie für etwas hält, bei dem es nicht mit rechten Dingen zugehen kann. Sie sind anderen suspekt. Wenn man ihrer Geschichte nachgeht, zeigt sich, dass sie viele Qualitäten vorgelebt haben. Ihnen scheinen besondere Fähigkeiten gegeben zu sein. Sie sind frei von Karma. Sie waren nie mit irgendwelchen Schichten und Prägungen bedeckt, sondern hatten stets die göttliche Energie zum Berater. Wenn du einige Begebenheiten unter diesem Aspekt betrachtest, die nicht sehr lichtvoll erscheinen, dann bitte ich dich, dies unter dem Gesichtspunkt der Dualität zu tun. Das Volk der Juden ist ebenfalls hier auf der Erde, um dieses Spiel mitzuspielen.

Wenn nun die Menschen in dieser ganz besonderen Zeit erkennen, dass jeder einen GOTT in sich hat und dass die Dualität nicht mehr wichtig ist, sondern dass man aus dem Herzen leben sollte, dann könnte es sein, dass sich der Krisenherd in Palästina entspannt. Viele jüngere Menschen, die schon mit anderen Prägungen auf die Erde gekommen sind, sind zum Frieden bereit. Viele Frauen auf beiden Seiten sind bereit, sich die Hände zu reichen. Sind sie doch dabei, ihre Weiblichkeit noch mehr zu entdecken und damit festzustellen, dass es wirklich keiner Kriege mehr bedarf, um etwas durchzusetzen. Wenn die karmischen Auflösungen immer weiter fortschreiten – was der Fall ist –, werden sich alte familiäre Traditionen, die auf Krieg und Macht gebaut sind, auflösen. Dann ist der Motor für die Kriegsaktivitäten verschwunden. Man wird nach friedlichen Lösungen Ausschau halten. Die großen Repräsentanten der Religionen werden sich stärker öffnen. Der Papst, der nach dem jetzigen kommen wird, ist um einiges jünger und hat einen ganz anderen Rückhalt in der geistigen Welt. Er lässt sich von höheren geistigen Instanzen beraten. Die anderen Religionsoberhäupter werden sich ähnlich verändern. Viele Thesen und Auslegungen, die heute noch propagiert werden und denen die alten Schriften der Religionen zugrunde liegen, werden überprüft und die Schriften anders ausgelegt werden. Die Dogmen werden aufgelöst, die freiheitliche Auslegung wird Einkehr halten. Das wird die Lage entspannen. Lasst mich euch versichern, dass alle Kriege, wo immer sie auch stattfinden, diesen spirituellen Ursprung haben, auch wenn das nicht gleich offensichtlich ist. Das liegt an alten Geschehnissen. Schaut in die Geschichtsbücher, welche Völker wann und mit welchen religiösen Dogmen wohin zogen. Wer hat wen dominiert und geprägt? Wo sind die Wunden, wo ist der Hass? Ich möchte nochmals an die Wichtigkeit der Karmaauflösung erinnern. Wenn die karmischen Imprints vieler Menschen, Orte, Länder, Kontinente und Meere durch die Goldene Welle geklärt werden, dann werden sich die alten Kriegsursachen auflösen. Das wird sich im menschlichen Denken und Handeln niederschlagen. So mancher wird sich fragen, warum dies oder jenes immer noch sein muss. Man wird sich der Absurdität und der Sinnlosigkeit bewusst. Die Menschen werden nicht mehr verstehen, warum Menschen durch Menschen sterben müssen. Denkt an diese Worte, wenn sich die Verhandlungen und Neuerungen einstellen. Das wird bald geschehen. Richtet euer Augenmerk auf Jerusalem. Wenn sich dort die ersten Anzeichen für den Frieden offenbaren, ist es, als breite sich ein Netz aus. Die Nachbarn werden sich wieder die Hände reichen und die uralten Fehden werden ein Ende haben.

Betrachten wir das Ganze nun noch unter dem Aspekt der Wirtschaft, weil einige von euch sicher einwenden werden, da spielten doch auch wirtschaftliche Interessen – die Waffenindustrie, die Ölmagnaten, die Erdgasvorkommen, das Gold und so weiter – eine Rolle. Das mag im Moment noch so sein. Aber man wird bald feststellen, dass es keinen Sinn mehr hat, ums Öl zu kämpfen. Es ist nämlich noch viel weniger vorhanden, als angenommen wird. Das ist auch eine Tat von Mutter Erde, sie verlagert ihre Pfründe, sodass sie nicht mehr zugänglich sind. Neue Erfindungen werden von der geistigen Welt in das Massenbewusstsein gespeist. Viele neue Ideen sind schon empfangen worden. Doch oft hält die Industrie ihren Daumen drauf, weil die Verbreitung von kostenlosen Energien ihren Interessen zuwiderläuft. Damit möchte ich nicht in die gleiche Kerbe hauen wie diejenigen, die alle Mächtigen für Scharlatane und Ausbeuter halten. Vielfach, das sei zu ihrer Ehrenrettung gesagt, wissen sie es nicht besser oder sind nicht in der

Lage, die Komplexität, die in der Einfachheit liegt, zu erkennen. Auch das wird sich ändern. Jüngere Leute werden die Posten derer übernehmen, die bisher die Macht in Händen hielten. Die, die noch von weniger lichtvoll agierenden Außerirdischen unterstützt werden, erkennen die Sinnlosigkeit ihrer Kooperation. Glaube mir, es fügt sich alles. Überall bröckelt die Dualität. Nicht hinter jedem Guten steckt auch das Böse. Du glaubst doch oft auch, wenn dir viel Gutes passiert, müsse bald etwas Schlechtes geschehen. Löse dich von dieser Meinung. Es kann und wird das Ziel sein, dass nur Gutes auf der Erde geschieht. Freiheit für alle Wesen, Frieden auf Erden – das ist das Ziel.

Wir haben dem Frieden auf Erden einen besonderen Namen, eine Metapher gegeben: das Neue Jerusalem. Es hat nichts damit zu tun, dass Jerusalem woanders oder neu entstehen wird. Es ist die Beschreibung für den Frieden auf der Erde, der dort beginnt. Haltet Ausschau nach den ersten Anzeichen, sie werden Anfang 2010 sichtbar werden.

Schauen wir noch einmal in alle Länder dieser Erde. Vielleicht hast du Lust, dir die Länder vor dein inneres Auge zu holen, bei denen du glaubst, dass dort viele Potenziale für Frieden gegeben sind. Sieh dir die Regierenden dieser Länder an. Wo glaubst du, sitzt schon jemand an der Spitze, der nicht nur für den Frieden eintritt, sondern auch bereit ist, große Kompromisse – auch im eigenen Land – zu schließen. Ich erahne es, du wählst als Erstes die USA und denkst an Barack Obama. Gut, der ist ein Pionier mit dem Hintergrund, dass er eine Wiedergeburt Abraham Lincolns ist und damals mit einer sehr hohen geistigen Wesenheit verbunden war und heute ist. Diese Wesenheit hat damals schon viel durch ihn weitergegeben und wird es heute wieder tun. Schau bitte noch weiter. Wo in Südamerika ist ein Land, das zwar etwas unscheinbar ist, aber wunderbare Ideen für eine völlig andere Art zu leben hat? Schau nach Europa. Wo denkst du, werden die Fortschritte geboren? Der Norden wird vieles hervorbringen, was um sich greifen wird. Ganz hoch oben im Norden hat man eine gute Art gefunden, Humanität walten zu lassen. Nun sind die Norweger auch ein Volk, das sein Leben sehr gelassen und naturverbunden gestaltet. Die Deutschen werden es etwas schwerer haben in den nächsten Jahren, weil wirklich sehr viel sehr schnell zusammenbricht. Da geht's nicht um die Wirtschaft allein, es sind andere Länder beteiligt. Es geht um das Selbstvertrauen. Das haben die Deutschen vielfach verloren, was natürlich mit dem letzten Weltkrieg zusammenhängt. Die Deutschen haben eine Radikalkur in Sachen „Eigenverantwortung" bekommen, um dann schnell wieder ein Schutzschild des Wohlstandes um sich herum aufzubauen. Der letzte Krieg war eine karmische Angelegenheit und diente einer starken Reinigung. Dies näher zu erklären, behalte ich mir für eine andere Gelegenheit vor. Es ist an der Zeit, dass die Menschen in Deutschland in die Selbstständigkeit kommen und die alten Geschehnisse loslassen. Wer will darüber richten? Betrachtet man die Kriege und ihre Ausläufer aus der Sicht der Ganzheit und berücksichtigt karmische Imprints, bekommt das alles sicher eine andere Note. Es ist die Zeit, Schuldzuweisungen und Schmerz, Angst und Wut loszulassen. Die, die den letzten Krieg noch erlebt haben, tun sich damit besonders schwer. Alle Länder Europas sind in die Kriegsgeschehnisse mit verwickelt, und nicht nur in die des letzten Krieges. Schaut euch die Geschichte Europas an. Welche Völker sind zu welcher Zeit an welchem Ort gewesen? Betrachtet die Religionskriege; sie haben großen Anteil an den Gründen für die Verwicklungen, nicht wahr? Erwartet aus dem zentralen Bereich Europas die großen Neuerungen und die Selbstständigkeit, auch dem großen Bruder im Westen gegenüber. Auch der östliche große Bruder wird Federn lassen und sich an seine spirituellen Wurzeln erinnern. Es werden in den nächsten zehn Jahren große Veränderungen eintreten. Die Länder rücken näher zusammen und werden über eine gemeinsame Zukunft nachdenken. Das ergibt Sinn und die Verbindungen zu den weiter östlich gelegenen Nachbarn entwickeln sich langsam in eine gemeinschaftliche Richtung.

Rechnet mit erstaunlichen Erkenntnissen und mit großer Bereitschaft, besonders bei den nachrückenden jungen Politikern. Das sind die neuen Kinder, die schon seit etwa dreißig Jahren, vereinzelt auch früher, auf die Erde kommen. Sie haben das Potenzial und die Kraft für Neuerungen. Sie haben Durchhaltevermögen und bringen die Energie und das bewusste Wissen um die Interdimensionalität mit. Sie tragen ihre Verantwortung mit Leichtigkeit. Die meisten von ihnen sind jetzt inkarniert, um der Erde und den Menschen zu dienen. Schenke ihnen dein Ohr. Beobachte die politische Szene in den nächsten Jahren, besonders bei den Parteien. Es wird Neugründungen geben mit klaren, neuen Ausrichtungen, die jetzt gebraucht werden. Die Ideen der 68er, die sicher teilweise nicht in die richtigen Bahnen gerieten, erfahren eine ehrliche, wahrheitsgetreue Renaissance. Ihr werdet auch feststellen, dass sich Frauen vermehrt engagieren und große Kraft entfalten. Ich freue mich schon auf die ersten heißen Debatten im europäischen Parlament von 2013. Das wird ein wichtiges Jahr für Europa, das versichere ich euch.

Hast du gewusst, dass viele Kirchen eine direkte Ausrichtung nach Jerusalem haben, zumindest die älteren? Das hat etwas mit der Geomantie zu tun, mit dem Wissen über die alte Baukunst und auch mit dem Goldenen Schnitt, die schon in den alten Zeiten von Jerusalem gelehrt und dann weitergegeben wurden. Dieses Wissen ist auch ein Teil der alten Jüdischen Lehre vom Baum des Lebens. Vielleicht wirkt sich die Veränderung in Jerusalem im Sinne der Vernetzung auch auf diesem Wege auf die neue Art aus, die Religionen zu leben. Veränderung auf allen Ebenen – das ist spannend, nicht wahr?

Eine Übung für dich

Ich habe jetzt für dich eine ganz besondere innere Reise geplant. Ich möchte dich gern nach Jerusalem führen. Hast du Lust, diese wundervolle alte Stadt mit mir zu besuchen? Gut, dann nimm dir ein bisschen Zeit. Mache es dir bequem, atme ein paar Mal tief durch und nimm meine Hand. Ich werde jetzt wieder den Weg des visuellen Reisens nehmen. Das hat den Vorteil, dass dein Verstand diese Reise nachvollziehen kann. Das ist gut, damit du nicht zweifelst.

Schau, wir verlassen dein Haus, erheben uns über die Straße und deine Stadt und schweben in Richtung Osten. Wir begeben uns nach Israel und befinden uns jetzt über Jerusalem. Nun werde ich mit dir direkt ins tägliche Geschehen eintauchen. Wir werden dort sein, wo die Klagemauer ist, wo sich viele Gläubige aller Art treffen. Mehr möchte ich nicht erklären, erlebe es selbst. Sieh dich um, beobachte die Menschen und gehe ins Gefühl. Spüre die Stimmung dort, nimm die Menschen wahr und fühle, wie es ihnen geht. Bleib so lange, wie du möchtest.

Du kannst dich natürlich auch mit der Geschichte der Juden beschäftigen und die vielen Verfolgungen und Kriege nachvollziehen. Das ist aber nicht erforderlich, um das alte Volk und ihre Geschichte sowie die Geschichte derer zu verstehen, die darin verwickelt waren. Das würde eher in eine Wertung führen. Aber du weißt ja, alles ist im Spielfeld der Dualität geschehen – dazu gehören Opfer und Täter. Alle, die hier leben und gelebt haben, waren beides, vergiss das nicht. Eigentlich könntest du deine eigene Geschichte sehr weit zurückverfolgen, du würdest irgendwann auf jemanden stoßen, der darin verwickelt war. Es geht jetzt darum, diese alten Dramen zu entwirren, deshalb richte lieber deine ganze Liebe auf die Geschichte, ohne zu werten und zu bestimmen, was dein Licht tun soll. Es findet seinen Weg. Mache dir außerdem bewusst, dass viele geistige Helfer ebenso an einer Klärung arbeiten und als Friedensbotschafter aktiv sind.

Barbaras persönliche Erfahrung

Besonders als jüngerer Mensch haben mich die jüdische Kultur, ihre Vergangenheit und ihre Geschichte, sehr interessiert. Es lag immer so eine besondere Aura um sie herum. Das jüdische Volk schien mir etwas ganz Besonderes zu sein. In welcher Stadt ich auch war, ich habe mich vorher immer informiert, ob es dort ein Judenviertel gibt oder gab. Besonders in New York konnte ich stundenlang durch die „Goldstraße" bummeln, die vielen Schmuck- und Edelsteingeschäfte besuchen und die Menschen beobachten. Kaum eine Frau war dort tätig, es war alles in Männerhand. Zwischendurch gingen die Herren in die an der Straße liegende Synagoge. Dieser Besuch gehörte zum Leben dazu. Ihre sehr interessante äußere Erscheinung faszinierte mich auch sehr. Heute bin ich viel älter und das Geheimnisvolle wirkt natürlich nicht mehr so stark wie früher. Aber eine Faszination geht für mich von diesen Menschen immer noch aus. Angesichts von Kryons Informationen ergibt vieles für mich einen Sinn und ich verstehe einiges besser. Im Hinblick auf die deutsche Geschichte zur Zeit des Zweiten Weltkriegs hat Kryon vor ein paar Jahren durch mich gesagt: „Es ist nicht mehr die Zeit, Denkmäler für die Juden zu setzen, pflanzt lieber gemeinsam Bäume. Sie symbolisieren das gemeinschaftliche Wachstum und den Frieden." Das hat mich sehr berührt, und ich verstand: Es ist wirklich an der Zeit, von dem Geschehenen frei zu werden.

Geliebter Mensch, geliebter göttlicher Funke!

Nun geht, wenn du es möchtest, die Zeit unserer Begegnung dem Ende entgegen. Du kannst dieses Buch zuschlagen und sagen: „Schade, es ist schon zu Ende, ich wäre gern noch ein bisschen länger in diese Energie abgetaucht. Es fühlt sich so warm an, ich fühle mich geborgen und geliebt." Es freut mich, das zu hören. Ich weiß, dass es so ist, weil die Energie, die du durch mich erfährst, die Liebe von zuhause ist. Es ist die Energie der Quelle allen Seins, die ich in meinem Gepäck trage. Ich habe dich, während du dies hier gelesen hast und vielleicht in deinen Übungen vertieft warst, in die Liebe von zuhause eingewebt. Ich habe dich an die Hand genommen und dir gezeigt, wie leicht es ist, sich in andere Welten zu begeben, und wie hilfreich und heilsam es ist, die eigenen inneren Welten zu erkunden. Das Kuriose daran ist: Beides ist ein und dasselbe. Es gibt nicht deine Welt und die andere Welt: Beides ist eine Einheit. Es gibt nicht dich und die anderen: Du bist eng mit ihnen verbunden. Das ist das kosmisches Gesetz, das ist GOTT. In Band 2 dieses Kurses *(Der göttliche Weg)* gebrauchte ich einen Vergleich, den ich gern wiederholen möchte. Die Wissenschaftler sprechen von dem Urknall als Entstehung dieses und der vielen anderen Universen. Es ist wie die Entwicklung eines Hefeteiges. Diesen recht einfach klingenden Vergleich erlaube ich mir, hier zu erwähnen. Nehmen wir folgendes Beispiel: Du knetest einen Teig, gibst die Hefe hinein und wartest, bis der Teig aufgeht. Der Geist des höchsten Schöpfers hat gedacht, und während er dies tat, wuchs die Vollendung und die Materialisierung in ihm. Es geschah eine Entwicklung wie beim Aufgehen des Hefeteiges. Der Hefeteig hat sich ausgeweitet, doch er bleibt immer die Ursprungsmasse, die er einmal war, er hat sich lediglich ausgedehnt. Der Geist GOTTES hat sich auch ausgedehnt, indem er dachte, aber alles, was dieses Erdachte repräsentiert, dieses Universum zum Beispiel, ist immer noch der Geist, ist immer noch GOTT. Alles ist Geist, alles ist GOTT.

So hast du vielleicht wirklich verinnerlicht, dass du nicht „nur" ein Mensch bist, sondern ein göttliches Wesen, das erschaffen wurde, um sich zu entwickeln, um sich zu erweitern. Denn nichts bleibt stehen, das ist unmöglich. Auch in dieser Sekunde erweitert sich dieses Universum. Gehe einen Moment in die Stille und fühle in dich hinein, fühle deine Verbundenheit mit dem Universum. Vielleicht spürst du sogar auf eine subtile Art die ständige Erweiterung? Eure Astronomen stellen immer wieder erstaunt fest, wie und in welch hoher Geschwindigkeit sich das Universum ausdehnt, und zwar ganz unabhängig von diesem Zeitkontinuum, in das du eingebunden bist. Du kannst die meisten Dinge, die außerhalb des Erdengebietes und der drittdimensionalen Ebene geschehen, nicht wahrnehmen. Du schaust an den Sternenhimmel und bist beeindruckt von den vielen Sternen, die vielleicht schon nicht mehr existieren. Ihr Licht ist erloschen, aber ihre Strahlkraft ist für dich noch sichtbar. Du bist in der Zeit gefangen und nimmst nur das wahr, was dein äußeres Auge dir anbietet. Es ist geliebt und geehrt, dein menschliches Auge, überhaupt dein ganzes menschliches Gefährt, dein Körper. Er ist ein hochsensibles, wahrlich göttlich erdachtes Konstrukt, das dir hervorragend dient, um hier auf der Erde in der dritten Dimension Erfahrungen zu machen. Aber der Rest dieses und der anderen Universen ist dir mit deinen äußeren Möglichkeiten nicht zugänglich. Du erahnst lediglich, wie groß alles ist, wie weit die Energie des Schöpfers reicht. Aber du kannst es mit dem äußeren Auge nicht erkennen. Dafür brauchst du dein inneres Auge und deine höheren Körper. Wenn du deinen Körper verlässt, indem du dein Bewusstsein auf deinen Ätherkörper projizierst, dann gelangst du in die Welt der Astralebene. Dort herrschen andere Gesetze. Alles ist den Aspekten und Geschehnissen auf der Erde diametral entgegengesetzt. Du wirst viele Bereiche, die du von hier kennst, dort oben auch wiederfinden, oft aber in anderen Formen und Farben. Hier herrscht das Gesetz des Gedankens. Vielleicht verstehst du jetzt, warum es so wichtig ist, die Gedanken zu kontrollieren. Was hier noch Tage oder Wochen, früher Jahre oder ein ganzes Leben brauchte, um sich zu manifestieren, geschieht dort sofort. Das erklärt, warum es so wichtig ist, den Menschen, die hinübergehen, vorher zu erklären, was sie dort erwartet. Noch besser wäre eine Sterbebegleitung, denn sie werden sich drüben an einen Platz begeben, den sie erwarten und der ihrem Bewusstseinsstand angemessen ist. Glauben sie an ein Gericht, wird es da sein, erwarten sie Mutter Maria, wird diese sie in die Arme nehmen. Es gibt viele Ebenen auf der anderen Seite, auf denen die Verschiedenen verweilen. Manche sind nicht sehr lichtvoll; dort wird das intensiver weitergelebt, was hier auf der Erde erfahren wurde.

Das Wissen über die dortigen Verhältnisse ist jetzt besonders wichtig, weil die Bereiche der astralen Ebenen sich verändern und sich irgendwann auflösen. Viele Seelen wandeln noch im erdnahen Bereich umher und sind sich nicht bewusst, wo sie sind und was geschehen ist. Wir nennen sie „erdgebundene Seelen". Die Menschen nehmen sie als Geistererscheinungen wahr, weil sie sich noch in den Häusern aufhalten, in denen sie einst gelebt haben. Sie nähren sich manchmal auch von den Energien der Lebenden, weil sie sich nicht vom irdischen Leben lösen wollen. (Das ist in Band 2, *Der göttliche Weg*, ausführlicher behandelt.) Der gesamte astrale Bereich wird sich mit der Erde vereinen und sich damit auflösen. Die Erde schwebt bereits in den oberen Bereichen der astralen Ebene, was erklärt, warum einige Menschen sie sehen, fühlen und hören können. Der Schleier ist gelüftet. Was wir seit 1990 an die Menschen an Informationen weitergegeben haben, ist nun Realität, es ist keine Zukunftsmusik mehr.

Lehne dich nun einen Augenblick zurück und genieße die Energie, die ich in dein Herz hineingebe. Ich lege meine Hand auf dein Herz, wir haben jetzt eine tiefe Herzensverbindung. Ich lege eine Pipeline der göttlichen Energie in dein Herz hinein. Ich verbinde diese Pipeline mit deinem Höheren Herzen, sodass eine konstante Verbindung zur Quelle allen Seins besteht. Ich webe dich in den göttlichen Teppich ein, damit du noch besser in ständiger Verbin-

dung mit mir oder mit anderen Helfern oder deinem Höheren Selbst sein kannst. Das Letztere hat Priorität, weil es der Kern deines Seins ist. Du bist ein Teil des Schöpfers, du bist eine Zelle des großen Einen, die auszog, hier auf der Erde und auf vielen anderen Planeten Erfahrungen zu sammeln. Spüre bitte die Energie in deinem Herzen. Vielleicht umhüllt dich ein wolkiges Gefühl, vielleicht kommt Rührung hoch und Tränen wollen fließen. In diesem Fall steche ich gerade wie in ein Wespennest tief in deine alten Sehnsüchte und Emotionen. Ich setze sie frei, damit sie sich auflösen können. Du bist ein Mensch mit einem göttlichen Kern und vielen anderen Anteilen, derer du dir nicht bewusst bist. Du agierst auf vielen Ebenen durch deine höheren Anteile, die dich jederzeit und ohne besondere Vorbereitungen bewusst wahrnehmen können. Du musst jedoch immer wieder das eine irdische Bein dem interdimensionalen anpassen, um die Verbindung ganzheitlich wahrzunehmen. Allerdings verwirklichst du dies schon ganz wunderbar. Ich sehe es und möchte dich jetzt nochmals loben, wie tapfer du dieses Erwachen bewältigst. Es ist wirklich keine leichte Sache, infrage zu stellen, was du bisher lebtest und dich neu auszurichten. Wichtig ist, dass du verstehst, dass du zu allen Zeiten in Ordnung warst, du warst nie falsch, du warst lediglich unbewusst. Das ist alles und nichts ist verkehrt. Du bist geehrt und geliebt, weil du ein Mensch bist und den Mut dazu hattest, einer zu sein.

Spürst du noch die Hand auf deinem Herzen? Es ist eine Verbindung, die weiterhin bestehen kann. Du brauchst nicht das

Buch beiseitezulegen und davon ausgehen, dass ich gegangen bin. Das ist Illusion. In dem Moment, in dem du das Buch aufgeschlagen hast, sind wir eine Verbindung eingegangen. Ein Teil von dir hat dich inspiriert, dieses Buch zu kaufen oder auszuleihen. Wir sind gute Bekannte, ich kenne dich schon lange und nicht erst, seitdem du erwacht bist. Ich bin der Bruder, der schon lange auf der Erde ist, um dich zu begleiten. Ich komme von weither aus einem anderen Universum und bin eine sogenannte „Dienstseele". Zu dienen ist etwas Wunderbares, ich könnte mir nichts anderes vorstellen. Es ist nur auf der irdischen Ebene mit dem Makel der Unfreiheit belegt. Ich bin frei und ich bin nicht nur einer, ich bin viele. Ich bin eine Gruppe, die auszog, um hier zu dienen. Wir sind in dieser Galaxie und auch darüber hinaus als Meister des Magnetismus bekannt. Wir werden gerufen, wenn ein Planet ein Magnetgitter braucht oder wenn es neu justiert werden soll. Ein Teil von mir war immer hier und ist nie gegangen. Trotzdem weiß jeder Teil von uns, was mit dem Rest der Gruppe geschieht. Wie in jeder Gruppe hat auch unsere eine Essenz. Genau wie beim Schöpfer allen Seins. Diese Essenz spricht jetzt hier zu dir. Ich bin die Kryon-Essenz, die alle Möglichkeiten hat, sich beliebig auszudehnen und vielfältig zu sein. Aber ich kann mit meiner ganzen Kraft meinen Fokus verstärken und hier fokussiert präsent sein, obwohl andere Teile von mir woanders ihren Dienst tun. Das klingt unmöglich, nicht wahr? Einige von euch Leserinnen und Lesern sind sogar etwas enttäuscht. Haben sie doch, wenn sie an Kryon denken, immer eine bestimmte Gestalt im Visier. Das kann auch gern so bleiben, ich bin lediglich vielfältig, wie du es eigentlich auch bist. Du bist dir dessen nur nicht bewusst. Ein Teil von mir ist der göttliche Bote und verbreitet Neuigkeiten. Das war in den letzen Jahren meine Hauptaufgabe. Obwohl es einige Jahre lang auch unser Dienst war, das Magnetgitter neu zu justieren, damit es möglich wird, den Spielplan der Erde und alles andere zu verändern, was jetzt für die Neue Erde vonnöten ist. Das Magnetfeld wird schwächer, passend zum neuen Weg der Erde, zur Veränderung der menschlichen Körper und der Erde. Die hohen Lichtschwingungen, die jetzt diesen Planeten und die Menschheit durchströmen, sind für ihre Veränderung notwendig.

Spürst du noch die Hand auf deinem Herzen? Wenn du in Zukunft wieder einmal das Gefühl hast, du könntest eine Prise Kryon gebrauchen, dann denke einfach an mich und stell dir vor, dass meine Hand auf deinem Herzen liegt. Dann wird es so sein. Du veränderst in dem Moment deinen Zeitrahmen, du gehst in die Vergangenheit und klinkst dich in sie ein. Du tust so, als wäre die Vergangenheit jetzt. Hier drüben, in meiner Schwingungsebene, ist immer jetzt. Mit all den Übungen, die ich dir in diesem Kurs gegeben habe, wirst du dein interdimensionales Bein stärken und den Zeitplan der Erde durchbrechen. Du wirst nicht entschwinden, sondern du wirst ein Zeitreisender, was du mit anderen Teilen deines Seins ohnehin immer warst. Nur wird es dir bewusst. Du reist mit deinem Seelenkörper zur Sonne, besuchst Helios, vielleicht stattest du Sanat Kumara einen Besuch in Shamballa ab. All dies ist möglich, je mehr du dich als ein göttliches unbegrenztes Wesen begreifst. Irgendwann in nicht allzu ferner Zeit werden all deine niederen Körper mit den höher schwingenden verbunden sein. Du bist dann in deinem Lichtkörper und kannst jederzeit mit deinem ganzen Sein überallhin reisen. Du veränderst deine Struktur, deine Moleküle und bist sofort in einer anderen Situation. Genau das tun die Venusier, die Plejadier und die anderen auch. Du konntest es vor langer Zeit sogar hier auf diesem Planeten, als er noch in einer anderen Schwingung war. Dann hast du es verlernt. Jetzt wirst du es wieder lernen und dich dann weiter zu einem galaktischen Menschen entwickeln. Die Zeit ist nah, das verspreche ich dir.

Wir wollen nun noch einen Blick auf die Liebe werfen. Liebe ist ja ein viel benutztes Wort und jeder Mensch hat davon seine eigene Vorstellung. Was ist die Liebe? Ich möchte hier von der „allumfassenden Liebe" sprechen, von der Liebe als Verbindung zum Schöpfer allen Seins. Ich spreche von der Verbundenheit zum göttlichen Geist. Wenn ein Mensch ganz mit dieser Präsenz GOTTES, die in ihm selbst wohnt, in Verbindung steht, ist er eins mit ihr, und er ist in Liebe. Dann ist keine Trennung mehr da, dann ist der Mensch ganz in die Liebe des göttlichen Geistes eingewebt. Wo kein Trennungsgefühl ist, da ist auch keine Dualität mehr. Wo keine Dualität ist, ist kein Mangeldenken, kein mangelndes Selbstwertgefühl, kein verloren gegangenes Gottvertrauen. Wenn du diese Verbindung hast, ist wahre Liebe in dir. Es ist dieses Gefühl, dass alles gut ist, so wie es ist. Du bist öfter einmal in diesem Gefühl, doch dann fällst du wieder heraus, weil das eine irdische Bein, mit dem du agierst, dich irdisch fühlen und gehen lässt. Du kennst das Gefühl der allumfassenden Liebe, wenn du in die Augen eines Kindes schaust; wenn du in der Natur bist; wenn du ganz allein mit dir und zufrieden bist, unabhängig davon, wie deine äußeren Lebensverhältnisse aussehen. Wenn du die leise Stimme in dir hörst oder fühlst, vielleicht auch, wenn die Sonne dein Gesicht erwärmt, die Vögel singen und deine Katze auf deinem Bauch liegt und schnurrt. In solchen Momenten ist die Welt ganz in Ordnung. Dann bist du an den göttlichen Geist angeschlossen, dann fließt die allumfassende Liebe, die göttliche Energie wahrhaftig durch dich und lässt dich glücklich sein. Das sind die Situationen, in denen dich nichts erschüttern kann und alles gut ist. Aus dieser Perspektive kann das Leben nur schön sein. Dieses Gefühl zu erweitern sollte dein Ziel sein. Diesen Zustand öfter zu erreichen, das wird durch die Werkzeuge, die wir in diesem Kurs an dich weitergeben, möglich sein. Du lernst, dich selbst lieb zu haben, weil du alles von einer höheren gelasseneren Warte aus mit der göttlichen Brille betrachtest. Alle Alltagssorgen entpuppen sich als Illusion, als Spielzeuge der Dualität, die nur scheinbar real ist. Was sind Geld, Eigentum und all die Dinge letztlich? Es ist göttliche Energie, die sich zur Materie verdichtet, um dir als Baustein in der Dualität zu dienen. Wenn du nun aussteigen willst, werde dir dessen bewusst und sage dir: „Das gilt für mich nicht mehr. Es gibt kein „Es geht nicht, weil es nicht real ist". Mit diesen Leitgedanken kommst du an die eigenen Tiefen und an die göttlichen Qualitäten, die in dir ruhen. Du hast sie bisher nur noch nicht entdeckt.

Die Liebe ist die göttliche Instanz, die in allem und jedem wohnt. Oft dringt sie nur deshalb nicht bis zu deinem Bewusstsein durch, weil sich viel altes Zeug und viel Schmutz darübergelegt hat. Nehmen wir (d)eine Partnerschaft. Wie wäre es, geliebter Mensch, wenn du deinen Partner nicht als dein Eigentum betrachtetest, sondern als Geschenk? Er oder sie ist ein göttliches Wesen, das zu dir kam, um mit dir gemeinsam Erfahrungen hier auf der Erdebene zu machen. Wahrscheinlich habt ihr euch in diesem Leben nochmals getroffen, um alte Dinge zu klären. Wenn das erkannt und geschehen ist, besteht die herrliche Möglichkeit, in Freiheit und ohne Erwartungen miteinander das Leben zu teilen. Keine Ansprüche, keine alten Klischees, wie eine Partnerschaft sein muss, sollen eure Tage belasten. Seid frei. Seid auch frei, liebe Eltern, löst euch von den Erziehungsparadigmen, die man euch anerzogen hat. Erzieht eure Kinder in Sanftheit und geleitet sie auf die Bahnen des Lebens, gern mit den neuen Weisheiten, die ihr jetzt hier aufgenommen habt. Sei gewiss, geliebter Mensch, dass die meisten Kinder, die jetzt die Erde beehren, alte Seelen oder nur für diese Inkarnation gekommen sind, um der Erde zu dienen. Behandle sie nicht wie dein Eigentum oder wie Sklaven oder wie ein Spielzeug. Nimm sie ernst, du kannst sehr viel von ihnen lernen. Geleite sie aus der Verbindung mit dem GOTT in dir heraus. Dann wird es eine göttliche Beziehung und eine Zeit voller Liebe und Dankbarkeit werden. Es gibt

eigentlich keinen Grund mehr, irgendjemandem böse oder gram zu sein, findest du nicht auch? Jeder Mensch hat einen göttlichen Kern, mag er auch noch so verdeckt sein. Aber er blinzelt schon durch. Mit viel Humor und der Verbindung zum Höheren Selbst kann jedes Problem gelöst werden, seien es Sorgen mit dem Nachbarn, mit der Schwester, mit Geschäftspartnern. Wie, das haben wir in diesem Kurs ausführlich beleuchtet und dazu haben wir dir viel Hilfe gegeben. Das Wichtigste allerdings ist, das Herz zu öffnen und offen zu halten. In vielen Leben hast du gelernt, dein Herz zu verbarrikadieren. Nun will es immer offen bleiben, um diese kindliche Offenheit zu genießen. Keine Dramen mehr, keine Schuldzuweisungen, keine Verletzungen möchte es mehr erleben. Warum auch? Es muss nicht mehr sein. Mit deinem erweiterten Bewusstsein, deinem offenen Herzen und einer guten Verbindung zum Höheren Selbst und möglicherweise den noch höheren Anteilen ist der Weg nach Hause geebnet. Geehrt und geliebt bist du, hohes göttliches Wesen, für deinen Dienst, hier auf der Erde zu sein. Wenn du diesen Weg bewusst beschreitest, kannst du sagen: ICH BIN! Ich bin, der ich bin. Ich bin Kind des großen Geistes, des höchsten Schöpfers, und ich bin mir dessen bewusst. Ich danke allen, die mir dabei geholfen haben zu erwachen, nun BIN ICH!
So sei es!

Ich bin in tiefer Liebe und Verbundenheit
Kryon

Liebe Leserinnen und Leser!

Wie fühlen Sie sich? Hat Kryons Energie Ihnen gutgetan? Sicherlich, denn ich weiß es aus eigener Erfahrung: Kryon tut in jeder Situation gut, sei es, um eine gedrückte Stimmung aufzuhellen, sei es um alte Muster gemeinsam zu lösen oder um Ideen zu bekommen, was in einer schwierigen Situation zu tun ist. Wenn Sie die Inspiration haben, Ihre Erfahrungen mit der geistigen Welt niederzuschreiben, sei es für den privaten Gebrauch oder sogar, um es anderen zugänglich zu machen, dann kann Kryon Ihnen auch dabei behilflich sein. Er wird Ihnen beibringen, wie man geistige Botschaften gut zu Papier beziehungsweise in den Computer bringt. Wenn Sie diese Botschaften schriftlich festhalten, können Sie später alles, was Ihnen vermittelt wurde, in Ruhe Revue passieren lassen. Man vergisst es sonst leicht. Es ist eine hoch schwingende Erfahrung, eng mit der geistigen Welt verbunden zu sein, sei es mit Kryon oder mit anderen Wesen. Ich persönlich bin auch eng mit dem Aufgestiegenen Meister Saint Germain verbunden. Er begleitet mich schon eine lange Zeit, er war schon in meinem Bewusstsein, als ich Kryon noch nicht wahrgenommen hatte. Mein Weg mit Kryon begann im Jahr 2000. Da lernte ich ihn bewusst kennen. Ich bin mir aber sicher, dass er vorher auch schon da war, entweder unter einem Pseudonym oder nicht recht spürbar. Könnte es auch sein, dass Kryon jetzt ein Pseudonym ist? Er spricht ja selbst ein bisschen darüber, möchte aber den Schleier noch nicht lüften. Ich habe da so meine

Ahnungen, unter welchem Namen die Menschen ihn vorher schon kannten.

Jetzt haben Sie das Buch *Ich Bin* gelesen oder durchgearbeitet. Vielleicht nehmen Sie es immer einmal wieder zur Hand, um zwischendurch die Übungen zu machen. Ich kann Ihnen versichern, sie sind sehr intensiv. Auf den ersten Blick denkt man vielleicht, man schließe nur so die Augen, um dann irgendwohin zu reisen. Das trügt, denn jede Übung ist mit hoher Energie versehen und bewirkt viel an einem selbst. Das werden Sie spüren. Sie ist außerdem immer eine Reise ins eigene Innere, da die Welten ja nicht nur außerhalb von uns sind, sondern auch in uns und wir in ihnen mit unserem ganzen Sein. Das zu lesen ist das eine, aber es zu verinnerlichen, das ist etwas anderes. Auch wenn Sie im Meditieren schon ein alter Hase sind, sind die geistigen Reisen mit Kryon eine neue Erfahrung, denn wir sind wirklich mit allen Sinnen dabei. Oft ist es auch nichts Stilles, wie man es vom Meditieren kennt, sondern äußerst aktiv und aufregend. Manchmal kann man die Erlebnisse kaum glauben, weil sie einem so fantastisch erscheinen. Aber sie sind Wirklichkeit. Ich möchte fast sagen, es ist die wahre Realität. Vielleicht ist unser Leben hier auf der Erde mit dem einen Bein, wie Kryon gern sagt, ein Traum, eine Illusion, aber eine schöne Illusion, nicht wahr? Ich bin gern hier, vor allem seitdem ich so viel darüber gelernt habe, wie es in der Schöpfung zugeht. Auch wenn es nur ein Hauch von dem ist, was wohl wirklich abläuft. Vorher war vieles in meinem Leben nicht einfach und auch recht unverständlich.

Vor vielen Jahren hatte ich einmal einen interessanten Gedanken, der mich aufhorchen ließ. Ich war geistig noch nicht so weit auf dem Weg wie heute, glaubte an Wiedergeburt, war aber eben noch ganz am Anfang. Ich dachte einmal intensiv über etwas nach, das ich in diesem Leben zumindest bis dahin nicht leben konnte. Plötzlich schoss mir ein Gedanke durch den Kopf: „Ach, das mache ich dann eben im nächsten Leben." Das beruhigte mich sehr und ich musste lächeln. Unbewusst wusste ich: Es gibt nicht nur ein Leben und ich habe mir hier jetzt eine bestimmte Konstellation und spezielle Umstände ausgesucht, um dies und jenes zu erleben und zu erarbeiten. Heute bin ich ein paar Schritte weiter und weiß, dass wir, nachdem die „karmischen Imprints", wie Kryon sie nennt, durch die Goldene Welle und einen großen Schub der göttlichen Gnade aufgelöst sind, ziemlich frei sind. Die Frage ist nur: Schaffe ich es, meine alten Muster abzulegen, um dann in Freiheit ein neues, ungeprägtes Leben zu leben? Vielleicht ist ja dann sogar dieses Etwas, wovon ich dachte, dass ich es in diesem Leben wohl nicht erreichen würde, doch noch möglich! Darüber habe ich jetzt gerade nachgedacht. Ich spüre ein Schmunzeln von Kryon bei diesem Gedankenspiel. „Ja, warum sollte das nicht geschehen?", fragt er. „Spiele gern etwas ausführlicher mit diesem Gedanken, lass ihn doch einfach Wirklichkeit werden!" Ja, warum eigentlich nicht? Ich weiß, das Schwerste ist, daran zu glauben, dass alles möglich ist. Wir dürfen uns bei unseren Träumen und Wünschen nicht begrenzen. Und ich merke bei mir, dass die Erfüllung der alltäglichen kleinen Wünsche schon sehr viel schneller ihren Weg zu mir findet als noch vor ein paar Jahren. Sie sind einfach da, nachdem ich mich herzzentriert darauf fokussiert habe. Kryons neue Lieblingsformulierung passt da ganz besonders gut: „Es fügt sich"! Ja, es fügt sich alles, wenn man voller Gelassenheit und Vertrauen den Alltag beschreitet. Manchmal dauern die Wunder ein bisschen länger, was sicher daran liegt, dass wir nicht glauben, dass sie zu uns kommen. Zu allen anderen ja, das können wir verstehen, aber zu uns selbst?

Die größeren Wunder, vielleicht ein eigenes Haus zu haben oder mit anderen eine größere Gemeinschaft zu bilden, um zusammen die nächsten Jahre kreativ zu gestalten, müssen keine Träume bleiben. Es ist mir nicht leicht gefallen, aber inzwischen habe ich verstanden, dass wir uns wirklich alles selbst erschaffen. Sowohl die kleinen Steine, über die wir stolpern und dabei fast hinfallen, und die kleinen zauberhaften Glücksgefühle, als auch die größeren Wunder, die uns staunen lassen, was alles möglich ist. Wenn man sich voller Hingabe, Mut und mit dem gesamten Fokus auf eine Sache ausrichtet, hat dieses Gedankenkonstrukt keine andere Wahl, als sich zu manifestieren. Es beginnt durch unsere Gedanken, das ist mir jetzt klar geworden. Ich weiß es jetzt durch eigene Erfahrung. Ich hatte viel darüber gelesen, aber ich hatte es nicht verinnerlicht. Jeder Gedanke findet seinen Weg vom Geist zur Manifestation. Aber ich möchte mich jetzt auf die größeren Wunder konzentrieren. Eines davon ist eine gemeinschaftliche Stätte für Kryon-Freunde, hier oben im Norden. Ich habe noch keine genauen Vorstellungen, wie und wo das sein könnte. Aber im Geiste sehe ich immer öfter ein altes schönes großes Haus mitten im Wald. Gefunden habe ich es noch nicht, aber ich weiß, es wird mich irgendwann rufen. Dann ist das passende Zeitfenster gekommen, wie Kryon immer sagt, und wir sollen zusammenkommen. Ich weiß, dass es so sein wird!

Die Trilogie ist nun fertig und als ein Ganzes eine gute Möglichkeit, sich selbst noch tiefer zu erforschen und zu erkunden, wie wir in alles eingebunden sind. Ich wünsche Ihnen weiterhin viel Freude damit! Als Begleitung für den Alltag hat Kryon noch ein Set mit Inspirationskarten entworfen. Ich persönlich liebe Karten. Früher hatte ich eine ganze Schublade voller Engelkarten, von einfachen bis zu wundervoll gestalteten, sie haben mich eine Zeit lang begleitet. Deshalb war ich sehr erfreut, als Kryon mir diesen Gedankenblitz sandte. Das habe ich besonders gern gemacht. Mit Erscheinen dieses Buches wird auch dieses Set im Handel erhältlich sein.

Ich habe in diesem Jahr noch ein weiteres Buch empfangen. Der Aufgestiegene Meister Saint Germain hat es mir diktiert. Am Anfang stand eine sehr lustige Geschichte: Ich brauchte nämlich ein paar Monate, bevor ich diese Idee annehmen konnte. Ich dachte wie ein Mensch und wusste nicht, ob es richtig ist, Kryon „untreu" zu werden. Endlich nahm ich meinen Mut zusammen und fragte ihn, ob es ihm denn auch recht sei, wenn ich ein Buch von Saint Germain empfinge. Kryon lachte herzlich und vermittelte mir: „Ich bin kein Mensch und kenne diese Gedankengänge nicht. Ich bin nicht eifersüchtig oder traurig oder sehe es gar als Untreue an. Nein. Es ist geehrt und geliebt, wenn du mit diesem lieben Freund ein Buch kreierst. Es wird sicher ein sehr intensives Werk werden. Viel Freude damit." Das war sein Kommentar. Ich war fast ein bisschen beschämt. Das zeigt mir, wie tief ich noch in menschliche Verhaltensweisen eingebunden bin.

Herzlichen Dank. Liebe Leserin und lieber Leser, für Ihren Besuch! Ich freue mich, wenn Sie mir mitteilen, welche Erfahrungen sie mit dem Buch gemacht haben. Senden Sie mir eine Mail oder schreiben Sie mir einen Brief. Ich freue mich!

Vielleicht haben Sie Lust, bei einem Seminar dabei zu sein? Für 2010 haben wir außerdem drei Reisen geplant. Kryon hat mir drei schöne Ziele ans Herz gelegt. Das Highlight ist eine Reise im August nach Hawai í/Kaui í. Korfu werden wir auch besuchen. Das werden sicher spannende Erfahrungen. Wir freuen uns, wenn Sie dabei sind!

Herzlich
Ihre *Barbara Bessen*

KRYON – Ein Kurs in Liebe

Barbara Bessen

Ein Kurs in Liebe

Band eins – Das Erwachen

Im ersten Band dieser Trilogie, nimmt uns Kryon – einer der bekanntesten geistigen Lehrer unserer Zeit – liebevoll an die Hand und führt uns zurück in die Zeit, als die Menschen lichtvoll und ganz bewusst in Lemurien lebten und dann tief in die Materie eintauchten, um wieder den Weg zurück zu Gott zu finden. Mit vielen praktischen Übungen, Visualisierungen und Meditationen.

253 Seiten, Hardcover, • ISBN 978-3-939570-12-7

KRYON – Ein Kurs in Liebe

Barbara Bessen

Ein Kurs in Liebe

Geführte Meditationen zur energetischen Reinigung und Herzensöffnung

50 Minuten • gesprochen von Barbara Bessen, mit Musik von Arne Herrmann

ISBN 978-3-939570-40-0

KRYON – Ein Kurs in Liebe

Barbara Bessen
Ein Kurs in Liebe
Inspirationskarten

Dieses Kartenset enthält 45 Botschaften von Kryon. Sie können Fingerzeige sein für schwierige Situationen und Hilfe, den Geist zu klären. Sie können als Motto für einen Tag dienen und das Gefühl stärken, dass wir eins sind mit dem Göttlichen. Echte Inspiration aus der geistigen Welt.

45 Karten • ISBN 978-3-939570-61-5

Klassiker der Lichtarbeit

Tashira Tachi-ren
Der Lichtkörper-Prozess
126 Seiten, Paperback
ISBN 978-3-939570-56-1

Diana Cooper
Dein Aufstieg ins Licht
228 Seiten, Paperback
ISBN 978-3-939570-05-9

Anne Brewer
Schöpferische Macht
233 Seiten, Paperback
ISBN 978-3-939570-30-1

Anne Brewer
Zwölfstrang-DNS – Das Erbe des Lichts
305 Seiten, Paperback
ISBN 978-3-939570-14-1

Klassiker der Lichtarbeit

Edwin Courtenay
Die Meister erinnern sich
136 Seiten, Paperback
ISBN 978-3-939570-15-8

Edwin Courtenay
Rituale und Gebete
der Aufgestiegenen Meister
128 Seiten, Paperback
ISBN 978-3-939570-44-8

John Payne
Die vier Prinzipien der Schöpfung
239 Seiten, Paperback
ISBN 978-3-939570-06-6

Tony Stubbs
Handbuch für den Aufstieg
155 Seiten, Paperback
ISBN 978-3-939570-29-5